Worte der
Anteilnahme

einfühlsam formuliert

Worte der *Anteilnahme*

Andreas Ehrlich

einfühlsam formuliert

EDITION XXL

Inhalt

Einleitung:
Vom Umgang mit Trauer und Trauernden

Sterben und Tod sind eigentlich zwei ganz natürliche Dinge und trotzdem gehören sie nach wie vor zu den großen Tabus in unserer Gesellschaft. Wir verdrängen diese Themen, so gut und so lange es geht, weil wir nicht mit unserer eigenen Vergänglichkeit und den damit verbundenen Gefühlen konfrontiert werden möchten. Dies hat jedoch eine tiefe Unsicherheit und Hilflosigkeit im Umgang mit Trauernden zur Folge. Wir wissen nicht, ob und wie wir auf sie zugehen, mit ihnen sprechen, sie trösten sollen – insbesondere, wenn sie ihren Schmerz offen zeigen und/oder nicht innerhalb der als angemessen betrachteten Zeit wieder „ins normale Leben" zurückfinden.

Dieses Buch soll Sie unterstützen, diese Berührungsängste und Ihre Sprachlosigkeit zu überwinden und sich aus der eigenen Befangenheit zu lösen – denn gerade Menschen, die einen solchen

Verlust erlitten haben, benötigen dringend unseren Zuspruch. Es bietet Ihnen dazu nicht nur Anleitung und eine Vielzahl von Formulierungshilfen und Mustern, die Ihnen helfen, die passenden Worte für einfühlsame Beileidsschreiben, würdevolle Grabreden sowie tröstende Texte für Anzeigen, Kranzschleifen und Kondolenzbücher zu finden, sondern auch wertvolle Verhaltenstipps für den Trauerfall. Darüber hinaus erhalten Sie eine umfangreiche Zitatensammlung, die Ihnen die oftmals als sehr schwierig empfundene Aufgabe, den Trauernden mitzuteilen, was Sie empfinden, ebenfalls erleichtern soll.

Die richtigen Worte finden

Die Nachricht vom Tod eines Menschen, den wir gekannt haben, ist immer ein Schock – selbst wenn das Sterben aufgrund einer schweren Krankheit möglicherweise bereits absehbar war. Und auch nachdem die erste Ungläubigkeit schließlich der traurigen Gewissheit gewichen ist, sind die meisten Menschen unsicher, wie sie mit dieser Ausnahmesituation umgehen sollen. Welches Verhalten gegenüber den Hinterbliebenen ist angemessen? Was kann man sagen oder schreiben, um Trost zu spenden und die eigene Betroffenheit auszudrücken, ohne zu befremden oder gar zu verletzen? Hier ist Fingerspitzengefühl und Einfühlungsvermögen gefragt, was vielen aufgrund der eigenen Trauer und Hilflosigkeit Schwierigkeiten bereitet.

Auch wenn es schwerfällt: **Lösen Sie sich aus Ihrer Befangenheit** und sagen beziehungsweise schreiben Sie den Trauernden, was Sie empfinden. Denn nichts anderes bedeutet das Verb „kondolieren", das von dem lateinischen Wort *condolere* (mitleiden, Mitgefühl haben) abstammt.

Tröstende Worte von Angesicht zu Angesicht – mündlich kondolieren

Auf einen Trauernden zuzugehen und ihm Ihr Mitgefühl auszudrücken, gehört in diesem Zusammenhang sicher zu den schwierigsten Aufgaben. Trotzdem sollten Sie nicht versuchen, einer solchen Begegnung aus dem Weg zu gehen – womit auch gleich die oft gestellte Frage beantwortet wäre, ob es nicht besser ist, den beziehungsweise die Hinterbliebenen einfach in Ruhe zu lassen. Denn das hieße, den Betroffenen in einer tiefen Krise im Stich zu lassen, in der er Zuspruch, Trost und eventuell auch Hilfe dringend benötigt.

Sprechen Sie den Trauernden daher von sich aus an. Erzählen Sie gegebenenfalls, wie Sie vom Tod des Verstorbenen erfahren haben, und drücken Sie ihm Ihr Mitgefühl aus. Verzichten Sie dabei jedoch auf die so gebräuchliche Floskel „Mein Beileid" oder gar „Mein aufrichtiges Beileid" (oder müssen Sie etwa extra betonen, dass Ihr Beileid aufrichtig gemeint ist?). Blicken Sie stattdessen dem Betroffenen in die Augen und versuchen Sie, ein paar persönliche Worte zu finden, wie etwa: „Ich denke

viel an Sie", „Es tut mir sehr leid", „Deine Frau fehlt uns", „Ich wünsche Ihnen für die kommende Zeit viel Kraft", „Der Tod von Gerd hat mich tief berührt" usw.

Sie wissen angesichts des stummen Leids oder des offen geäußerten Schmerzes Ihres Gegenübers schlicht nicht, was Sie sagen sollen? Dann sagen Sie doch genau das: „Ich würde Sie so gern trösten, aber mir fehlen die Worte." Oder: „Ich weiß angesichts dieses schrecklichen Unfalls gar nicht, was ich sagen soll." Ebenso denkbar sind ein schlichter Händedruck oder eine wortlose Umarmung.

Am besten lassen Sie sich von Ihrer Intuition leiten und reagieren entsprechend der Reaktion des Hinterbliebenen: Möchte er lieber still und für sich trauern? Dann beenden Sie das Gespräch zügig. Möchte er über seinen Verlust reden? Dann nehmen Sie sich – sofern die Situation es erlaubt – Zeit und hören Sie ihm zu. Bricht er in Tränen aus? Dann signalisieren Sie ihm Verständnis und spenden Sie ihm Trost. Wenn es für Sie „stimmig" ist, können

Sie dem Trauernden darüber hinaus auch Ihre Hilfe und Unterstützung anbieten (siehe Seite 23 – 24). Das Wichtigste ist, ihm das Gefühl zu geben, dass er nicht allein ist – dass auch andere den geliebten Menschen vermissen und um ihn trauern. Gelingt Ihnen das, können Sie im Grunde nichts falsch machen.

Das gilt mit Einschränkungen auch für den beruflichen Bereich: Zögern Sie nicht, auf den Kollegen aus Ihrer Abteilung, mit dem Sie täglich zusammenarbeiten, zuzugehen und ihm Ihr Beileid auszusprechen. Ein wenig anders sieht das bei einem trauernden Kollegen aus, den Sie ab und an auf dem Gang oder im Aufzug treffen. Hier könnte ein solcher Vorstoß leicht als unangemessenes Eindringen in die Privatsphäre gewertet werden. In diesem Fall bietet sich folgendes Vorgehen an: Erkundigen Sie sich beiläufig, aber ehrlich interessiert nach dem Befinden und sehen Sie dem Betroffenen dabei offen ins Gesicht. Das gibt ihm die Möglichkeit, von sich aus seine Situation anzusprechen, sofern er das möchte. Reagiert er auf dieses Angebot nicht, akzeptieren Sie das und lassen das Thema – ohne weiteres Nachfragen – ruhen. Begegnen Sie dem anderen dann so normal wie möglich. Diese Vorgehensweise empfiehlt sich auch bei Geschäftspartnern, Kunden, Lieferanten usw., mit denen Sie direkten Kontakt haben.

Übrigens: Öffentliche Tränen gelten in unserem Kulturkreis nach wie vor eher als Anlass zur Scham, als Zeichen von Schwäche. Deshalb versuchen wir, den Drang zu weinen so gut es geht zu unterdrücken und etwaige Tränen so schnell und so unauffällig wie möglich wieder zum Versiegen zu bringen. Völlig zu Unrecht, denn Tränen enthalten medizinischen Studien zufolge neben schmerzlindernden Stoffen auch das Hormon Prolaktin, das hilft, (emotionalen) Stress abzubauen, und damit befreiend wirkt. Lassen Sie den Trauernden also ruhig weinen beziehungsweise ermuntern Sie ihn sogar dazu – auch wenn das Ihre eigene Unsicherheit und Hilflosigkeit momentan noch verstärkt. Merken Sie allerdings, dass es dem Betroffenen unangenehm ist, vor Ihnen zu weinen, dann helfen Sie ihm, sich wieder unter Kontrolle zu bringen, indem Sie ihm still Zeit geben, um sich zu beruhigen. Danach lenken Sie das Gespräch dann in unverfänglichere Bahnen.

Der Kondolenzbesuch

Gehören Sie nicht zum Familien- oder engsten Freundeskreis des Hinterbliebenen, sollten Sie dem Trauernden etwas Zeit geben, um ein wenig zur Ruhe zu kommen, ehe Sie ihn besuchen. Vergewissern Sie sich aber vor Ihrem Besuch, ob er zu dem von Ihnen geplanten Zeitpunkt auch tatsächlich erwünscht ist. Jeder Mensch versucht auf seine eigene Weise, mit der Trauer und dem erlittenen Verlust klarzukommen. Manche empfinden dabei die Nähe anderer Menschen als tröstlich, während andere lieber allein sein möchten. Gehört der Hinterbliebene zu Letzteren, nehmen Sie eine solche Zurückweisung bitte nicht persönlich und ziehen Sie sich nicht zurück. Signalisieren Sie ihm stattdessen, dass Sie für ihn da sind, wenn er Unterstützung braucht – ob nun konkrete Hilfe (siehe Seite 23 – 24) oder einfach ein offenes Ohr.

Generell sollte das Zuhören im Mittelpunkt Ihres Besuches stehen. Trauernde haben in der Regel das starke Bedürfnis, über den geliebten Menschen, den sie verloren haben, zu sprechen, sich den Verlust buchstäblich von der Seele zu reden. Deshalb gilt: Schenken Sie dem Hinterbliebenen Ihre ganze Aufmerksamkeit – auch wenn Sie die Geschichte jetzt schon zum x-ten Mal hören und das Album mit den Hochzeitsfotos bereits in- und auswendig kennen.

Ein bis zwei Wochen nach der Trauerfeier ist ein **guter Zeitpunkt** für einen Kondolenzbesuch. Was die Kleidung angeht, ist Alltagskleidung in gedeckten Farben absolut angemessen. Planen Sie für Ihren Besuch zirka eine Stunde ein, ausschlaggebend sollten aber letztlich die Bedürfnisse des Besuchten sein.

Gehen Sie auf seine Gefühle ein und spenden Sie, so weit es geht, Trost, wobei körperliche Gesten wie eine liebevolle Umarmung oder das Halten der Hand ebenso tröstend sein können wie aufrichtiger Zuspruch. Lassen Sie gegebenenfalls auch Stille und Tränen zu. Kurz: Schaffen Sie eine Atmosphäre von Verständnis und einfühlsamer Nähe und seien Sie einfach da!

Achten Sie dabei stets auf die Signale, die Ihnen der Trauernde sendet – ob verbal „zwischen den Zeilen" oder nonverbal über seine Körpersprache –, um zu erkennen, ob Sie ihm mit Ihrem Verhalten eventuell zu nahe getreten sind oder vielleicht ein Thema angeschnitten haben, über das er (noch) nicht reden möchte. Verzichten Sie auf den von vornherein zum Scheitern verurteilten Versuch, den Hinterbliebenen mit gespielter Fröhlichkeit

aufzuheitern – es wird nicht klappen und leicht als Respekt-
losigkeit empfunden. Versuchen Sie auch nicht, Ihre eigene
Betroffenheit, Unsicherheit und Sprachlosigkeit mit Floskeln
wie „Die Zeit heilt alle Wunden" oder „Es kommen auch wieder
bessere Zeiten" zu überspielen. Diese Phrasen wirken auf einen
Trauernden im besten Falle hohl, im schlechtesten wie Hohn.
Viel besser ist es, dieses Dilemma offen anzusprechen: „Mir fehlen offen gestanden die Worte." Oder: „Ich weiß eigentlich gar
nicht, wie ich dich in dieser Situation trösten kann." Allzu viel
Ehrlichkeit in Form von Äußerungen wie „Im Grunde kannst du
doch froh sein, dass du ihn los bist" sind in dieser Situation ebenfalls fehl am Platz, selbst wenn das Ihre feste Überzeugung ist.

Im Gegensatz zu einem Krankenbesuch sollten Sie bei einem Kondolenzbesuch nicht versuchen, den Betreffenden von seinem Schmerz abzulenken, denn für die Trauerarbeit – die nicht umsonst TrauerARBEIT heißt – ist es unumgänglich, sich mit dem erlittenen Verlust auseinanderzusetzen. Unterstützen Sie den Trauernden dabei, indem Sie ihm (einfühlsam!) Mut für ein Leben zusprechen, an dem der Verstorbene nicht mehr teilnehmen kann. Sind Sie partout der Auffassung, dass etwas Ablenkung dringend notwendig ist, überlassen Sie die Entscheidung darüber dem Betroffenen. Fragen Sie ganz konkret: „Soll ich dir etwas von dem Schulfest der Kinder erzählen?" Oder: „Möchtest du vielleicht einen kurzen Spaziergang machen?" Oder: „Bist du hungrig? Dann könnten wir ja den neuen Italiener ausprobieren."

Und schließlich noch ein guter Rat: Halten Sie sich mit guten Ratschlägen zurück! Sie können den Trauernden in dieser Extremsituation damit eigentlich nur vor den Kopf stoßen – so gut Sie es auch meinen. Es sei denn natürlich, Sie werden explizit um Rat gefragt. Ansonsten „verpacken" Sie Ihre Empfehlungen besser in Vorschläge, und auch das nur sehr sparsam. Ein solcher Vorschlag könnte zum Beispiel folgendermaßen lauten: „Du hast erzählt, dass du die ganze Nacht wach liegst und an Martin denkst. Vielleicht fragst du einmal Dr. Mertens nach einem Schlafmittel. Er wollte doch ohnehin in den nächsten Tagen noch einmal nach dir sehen, oder?"

Einen Ratschlag, den Sie sich allerdings nicht verkneifen sollten, ist das Suchen und Annehmen von Hilfe, wenn Sie merken, dass der Trauernde mit dem Tod des geliebten Menschen einfach nicht fertig wird. Informieren Sie sich und zeigen Sie ihm in einem solchen Fall behutsam die verschiedenen Möglichkeiten auf (Selbsthilfegruppen, Internetforen, professionelle Trauerberatung usw.). Einige hilfreiche Adressen hierzu finden Sie im Anhang ab Seite 140.

> Achten Sie auf Ihre **persönlichen Grenzen** und machen Sie diese gegebenenfalls auch deutlich: „Für einen Besuch bei dir bin ich leider nicht stark genug, da dein Schmerz und die Trauer um Martin alte Wunden wieder aufreißen/Verlustängste in mir wecken, mit denen ich nicht umgehen kann." Sie müssen deswegen kein schlechtes Gewissen haben!

Darauf sollten Sie achten

■ Verharren Sie nicht in Tatenlosigkeit, sondern reagieren Sie trotz der eigenen Trauer und Betroffenheit möglichst schnell auf eine Todesnachricht. Denn gerade in den ersten Tagen benötigen Hinterbliebene Trost und Beistand am dringendsten.

■ Zwar sagt man „über die Toten nur Gutes", aber das bedeutet nicht, dass Sie irgendjemandem etwas vorspielen müssen, nur weil Sie glauben, das würde von Ihnen erwartet. Vermeiden Sie es jedoch, andere Trauernde mit allzu großer Offenheit zu verletzen.

■ Verstecken Sie sich nicht hinter standardisierten Beileidsbekundungen, sondern versuchen Sie, Ihre Gefühle in persönliche Worte zu fassen. Übertreiben Sie dabei nicht und verzichten Sie auf jegliche Theatralik. Weder eine besonders aufgesetzte noch eine betont lässige Formulierung ist der Situation angemessen.

■ Hüten Sie sich vor Floskeln wie „Das Leben geht weiter" oder „Wer weiß, wofür es gut war". Diese wirken angesichts des Verlusts eines geliebten Menschen sehr leicht pietätlos.

■ Vorsicht ist auch im Hinblick auf religiöse Äußerungen geboten, sofern Sie nicht sicher wissen, dass es sich bei dem Hinterbliebenen um einen gläubigen Menschen handelt, der in solchen Worten tatsächlich Trost findet.

■ Jeder trauert anders. Akzeptieren Sie das und gehen Sie auch auf Ihnen seltsam anmutende Reaktionen mit dem nötigen Verständnis ein. Es gilt: Was dem Trauernden in dieser Situation hilft, ist gut.

■ Geben Sie dem Trauernden den Raum und die Zeit, die er benötigt, um den Verlust zu verarbeiten. Verleiten Sie ihn nicht mit wohlgemeinten Ablenkungen und Aufmunterungen dazu, seinen Schmerz zu verdrängen.

Kondolieren am Telefon

Als erste Reaktion auf eine unerwartete Todesnachricht kann ein Telefonat sehr wohl angemessen sein. Dass dies eigentlich nur im Familien- und engeren Freundeskreis üblich ist, sollte Sie – wenn Sie das ehrliche Bedürfnis haben – nicht davon abhalten, einem Hinterbliebenen aus Ihrem Bekannten- oder Kollegenkreis per Telefon spontan Ihr Mitgefühl auszudrücken und gegebenenfalls Ihre Hilfe anzubieten. Ein Ersatz für einen Kondolenzbrief oder eine -karte ist das Telefonat jedoch nicht.

Das Gleiche gilt auch für eine SMS, die schon aufgrund ihres Namens – SHORT Message Service – im Regelfall **kein Ersatz für eine Karte oder einen Brief** sein kann (siehe Seite 34). Sie sollte zudem nur dann zum Einsatz kommen, wenn sie zum festen „Kommunikations-Repertoire" des Hinterbliebenen gehört.

Ein – noch dazu handgeschriebener – Brief verleiht seinem Inhalt mehr Gewicht. Er signalisiert dem Empfänger, dass sich hier jemand Zeit genommen und die Mühe gemacht hat, einige persönliche Worte der Anteilnahme und des Trostes zu finden – in unserer hektischen Welt ein klares Zeichen der Wertschätzung. Nicht zuletzt deshalb werden Karten, die nur den eingedruckten Text und eine Unterschrift enthalten, oftmals als lieblos und ein wenig abwertend empfunden (siehe Seite 26). Das gilt übrigens auch für Glückwunschkarten.

Und noch etwas sollten Sie bedenken: Einen Brief (oder eine Karte) kann der Empfänger mehrmals lesen, und so kann er auch mehrmals Trost spenden. Darüber hinaus kann der Trauernde selbst bestimmen, wann er ihn lesen möchte. Gerade kurz nach dem Tod eines geliebten Menschen befindet sich der Hinterbliebene in einem absoluten Ausnahmezustand, in dem er nicht nur den emotionalen Schock verarbeiten, sondern sich auch um eine Vielzahl von Dingen und Formalitäten kümmern muss. Kaum ein Anruf wird in dieser Situation – es sei denn, er kommt von einem Familienmitglied oder einem guten Freund – den beabsichtigten Effekt haben. Ganz im Gegenteil: Es kann durchaus sein, dass Ihr Anruf in dieser Situation einfach nur als nervend, womöglich sogar als zusätzliche Belastung empfunden wird. Ziehen Sie also auch diese Möglichkeit in Betracht, bevor Sie aus einem – durchaus gut gemeinten – ersten Impuls heraus zum Telefonhörer greifen.

Hilfe anbieten

Auch wenn es banal klingt: Bieten Sie Ihre Hilfe nur an, wenn
Sie es wirklich ernst meinen und Sie sowohl die Zeit als auch
die Kraft haben, den Trauernden in dieser schweren Zeit zu
unterstützen. Leider ist das Anbieten von Hilfe im Rahmen des
Kondolierens – was grundsätzlich ja eine noble Geste ist, die
Verbundenheit und Mitgefühl ausdrückt – fast schon zu einer
Floskel verkommen, die viele in arge Verlegenheit bringt, wenn
der Trauernde auf die Frage „Kann ich dir irgendwie helfen?"
tatsächlich mit „Ja" antwortet. Ein solches Angebot sollte also
wohl überlegt sein und – um zu zeigen, dass es keine leere
Floskel ist – möglichst konkret formuliert werden. Sagen Sie
also nicht „Melde dich einfach, wenn du Hilfe brauchst", sondern machen Sie Vorschläge: „Brauchst du noch etwas aus

dem Supermarkt/der Apotheke …", „Soll ich dich heute zu der Besprechung mit dem Bestatter begleiten?" Oder: Möchtest du, dass ich vorbeikomme und …?" Drängen Sie sich jedoch nicht auf. Akzeptieren Sie, wenn der Betreffende Ihr Angebot ablehnt, und signalisieren Sie einfach noch einmal Ihre grundsätzliche Hilfsbereitschaft.

Die Möglichkeiten zu helfen sind vielfältig, und selbst scheinbare Kleinigkeiten können eine wichtige Unterstützung sein. Eine große Erleichterung für den Trauernden ist zum Beispiel, wenn Sie ihn bei den ganz normalen Dingen des Alltags entlasten: Gehen Sie einkaufen, bereiten Sie ihm eine Mahlzeit zu, helfen Sie beim Hausputz, holen Sie die Kinder von der Schule oder dem Kindergarten ab, kümmern Sie sich um ältere, möglicherweise bereits gebrechliche Familienangehörige, betreuen Sie einen Nachmittag lang die Kinder, versorgen Sie Pflanzen und Haustiere usw. Sie kennen sich gut im Paragraphendschungel aus? Dann stehen Sie dem Hinterbliebenen doch bei den notwendigen Formalitäten wie Totenschein, Sterbeurkunde, Mitteilung an Krankenkasse, Arbeitgeber, Rentenversicherung, Bank, Post, Vermieter usw. bei. Und natürlich können Sie ihn sowie nahe Familienangehörige bei der Planung der Trauerfeier unterstützen.

Aber auch Ihre bloße Anwesenheit und ein offenes Ohr, ein Spaziergang zum Grab, gemeinsames Weinen oder – sofern es sich um einen religiösen Menschen handelt – Beten sind wichtige Hilfestellungen, vielleicht sogar die wichtigsten, denn Sie vermitteln dem Trauernden damit ganz unmittelbar das Gefühl, nicht allein zu sein.

Sie möchten dem Hinterbliebenen gern Ihre Hilfe anbieten? Dann fragen Sie sich: Wie viel **Unterstützung** braucht derjenige in dieser Situation tatsächlich und wie könnte diese Hilfe konkret aussehen? Aber auch: Wo sind meine Grenzen, wie viel kann ich realistisch betrachtet leisten, ohne mich selbst zu überfordern?

Individuell und angemessen – das Kondolenzschreiben

Das Verfassen eines Kondolenzbriefes gehört – genau wie das Halten einer Rede (Trauerrede siehe ab Seite 76) – unzweifelhaft zu den Dingen, vor denen wir uns am liebsten „drücken" würden und die wir gern vor uns herschieben. Einige der Gründe dafür wurden bereits genannt: die Scheu, sich mit dem Tabuthema Tod auseinanderzusetzen, die eigene Betroffenheit angesichts des Verlustes sowie die Unsicherheit, die wir im Umgang mit Trauernden empfinden. Hinzu kommt, dass moderne Kommunikationsformen wie Handy, SMS und E-Mail mittlerweile unseren Alltag bestimmen und den guten alten Brief nahezu verdrängt haben. Überlegen Sie doch einmal: Wann haben Sie zuletzt einen Brief an einen Verwandten, einen Bekannten oder einen Freund geschrieben?

Deshalb gilt gerade in Bezug auf das Kondolenzschreiben – sogar noch mehr als beim mündlichen Kondolieren – der Appell, sich aus dieser lähmenden Befangenheit zu lösen und aktiv zu werden. Denn eine Kondolenzkarte beziehungsweise ein Beileidsschreiben ist ein wichtiges Ritual, das den Hinterbliebenen bei seiner Trauerarbeit unterstützt: Sie setzen damit ein Zeichen, ein deutlich sichtbares Zeichen des Mitgefühls und der Verbundenheit.

> Es gibt keine „offizielle" Frist, innerhalb derer man ein Kondolenzschreiben verschickt haben sollte. **Reagieren Sie dennoch so schnell wie möglich** auf die Todesnachricht, da Hinterbliebene gerade in der ersten Zeit nach dem schmerzlichen Verlust Zuspruch und Trost benötigen. Länger als eine Woche sollten Sie keinesfalls warten.

Brief oder Karte?

Die Frage, ob ein Brief diese Aufgabe besser erfüllt, also angemessener ist als eine Karte, lässt sich klar mit Nein beantworten – vorausgesetzt, Sie belassen es nicht bei dem eingedruckten Standardspruch, unter den Sie Ihre Unterschrift setzen! Eine solche Karte wirkt auf Hinterbliebene wie ein Schlag ins Gesicht, drückt sie doch genau das Gegenteil von dem aus, was ein gelungenes Kondolenzschreiben ausdrücken sollte:

Anteilnahme und Wertschätzung. Das Mindeste ist daher, selbst wenn Sie dem Verstorbenen nicht sehr nahegestanden haben, dass Sie den vorformulierten Text um einige persönliche Worte ergänzen. Besonders stimmig wirkt es, wenn Sie dabei die Aussage oder auch ein bestimmtes Wort aufgreifen und daran Ihre eigenen Gedanken „aufhängen". Natürlich können Sie sich aber auch völlig von der vorgegebenen Formulierung lösen und einen komplett eigenständigen Text verfassen. Lassen Sie sich dabei nicht von dem vorhandenen Platzangebot beschränken. Wollen Sie mehr schreiben, als auf die Karte passt, legen Sie einfach ein Zwischenblatt ein.

Auf die Frage, welche Karte aus dem nahezu unüberschaubaren Angebot die passende ist, lässt sich leider keine so eindeutige Antwort geben. In nahezu jedem Schreibwarenladen finden Sie eine Vielzahl von Motiven und Ausführungen. Die Palette reicht dabei von schlicht bis ausgefallen, vom einfachen Schriftzug oder dem klassischen Kreuz bis zu Landschaftsaufnahmen und

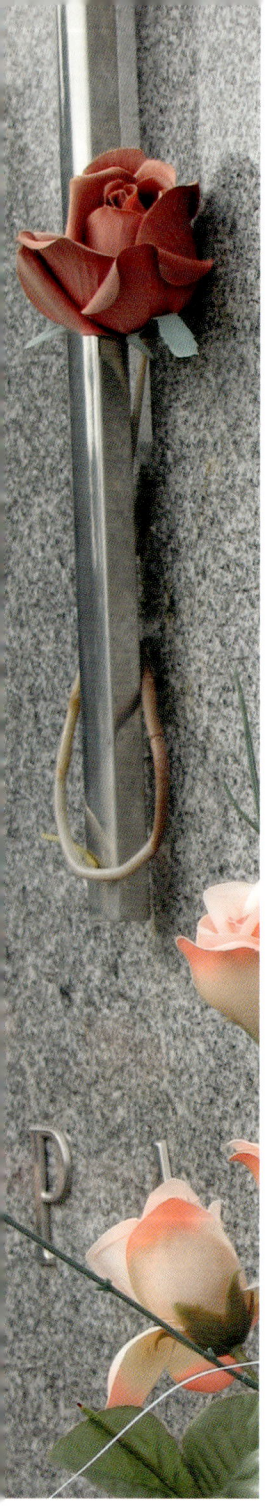

Kunstkarten, von der aufgedruckten Beileidsbekundung bis zum tiefsinnigen Zitat. Da ist es am besten, Sie folgen einfach Ihrem Bauchgefühl. Greifen Sie zu dem Motiv beziehungsweise zu dem Text, der Sie in Ihrem momentanen Gefühlszustand spontan anspricht, der das, was Sie empfinden/sagen möchten, am ehesten ausdrückt. Nehmen Sie dabei jedoch Rücksicht auf die Befindlichkeiten des Empfängers. Wissen Sie beispielsweise, dass dieser kein gläubiger Mensch ist, verzichten Sie lieber auf religiöse Symbole und Bibelzitate, auch wenn Sie selbst diese als ausgesprochen tröstlich empfinden. Ist Ihnen andererseits bekannt, dass der Hinterbliebene (oder vielleicht auch der Verstorbene) sehr naturverbunden ist (war), dann ist eine Landschaftsaufnahme, zum Beispiel mit einem Bach, einer Brücke oder einem alten Baum, sicher die bessere Wahl.

Können Sie trotz der üppigen Auswahl nichts Passendes finden oder haben Sie vielleicht ein Foto, dass Ihre Empfindungen/Verbundenheit mit dem Hinterbliebenen beziehungsweise Verstorbenen perfekt ausdrückt, wie beispielsweise die Aufnahme eines Sonnenaufgangs, den Sie während eines Urlaubs gemeinsam erlebt haben? Dann können Sie selbstverständlich auch eine eigene Kondolenzkarte gestalten. Verwenden Sie dazu eine qualitativ hochwertige weiße Doppelbriefkarte, auf die Sie das Foto kleben. Ein Zitat platzieren Sie am besten auf der linken Innenseite. Ein gefüttertes Kuvert – ohne schwarzen Rand! (siehe Seite 33) – rundet Ihre persönliche Kondolenzkarte ab.

Achtung: Das Thema Tod und Geld ist heikel! Obwohl es in manchen, zumeist eher ländlich geprägten Gegenden durchaus üblich ist, dem Kondolenzschreiben Geld beizulegen – als Beitrag zu den Beerdigungskosten und der späteren Grabpflege beziehungsweise für den Grabschmuck –, wird eine solche Beigabe eventuell als pietätlos empfunden. Auf viele wirkt sie angesichts des Verlustes eines geliebten Menschen schlicht banal und unangemessen. Andererseits können sich die Kosten für eine Beerdigung schnell auf mehrere Tausend Euro belaufen und den Hinterbliebenen in nicht unerhebliche finanzielle Schwierigkeiten bringen, sodass das Geld sehr wohl eine willkommene Zuwendung darstellen kann. Seien Sie sich dieses Dilemmas bewusst und lassen Sie sich letztlich von Ihrem Gefühl leiten. Wie hoch der Betrag ist, den Sie beilegen, entscheiden Sie allein im Rahmen Ihrer Möglichkeiten. Als Anhaltspunkt kann dabei die Summe dienen, die Sie normalerweise für einen Strauß/Kranz usw. ausgeben würden.

Was ein gelungenes Kondolenzschreiben auszeichnet

Ein gutes Kondolenzschreiben zeichnet sich vor allem durch ehrliches Mitgefühl aus. Es drückt nicht nur die Trauer aus, die wir empfinden, sondern spendet auch Trost und würdigt den Verstorbenen.

Das gelingt Ihnen am ehesten, wenn Sie Ihre Gedanken und Gefühle aufrichtig und zugleich feinfühlig formulieren. Bedienen Sie sich dazu – stets abhängig von Ihrer Beziehung zu dem Verstorbenen und dem Grad der Vertrautheit – einer unaufdringlichen, natürlichen Wortwahl und Sprache ohne übertriebenen Pathos, ohne Schwülstigkeit, ohne antiquiert wirkende Schnörkel und ohne Lobhudelei.

> Vermeiden Sie in Ihrem Kondolenzschreiben alles, was die **Gefühle des Trauernden** verletzen, was er als respekt- oder pietätlos empfinden könnte. Dazu gehören insbesondere die bereits auf Seite 21 angesprochenen Punkte.

Auf einen Grundsatz sei an dieser Stelle nochmals hingewiesen: über die Toten nur Gutes. Das heißt, das Kondolenzschreiben ist keinesfalls der richtige Platz, um alten Streit oder andere Unstimmigkeiten zu „klären", oder gar für Häme. Missbrauchen Sie es nicht als Gelegenheit zur „Abrechnung", sondern zeigen Sie Größe und nutzen Sie es vielmehr dazu, Ihre Meinungsverschiedenheiten und Streitigkeiten im wahrsten Sinne des Wortes zu begraben. Und irgendetwas Gutes gibt es über jeden Menschen zu berichten.

Am sinnvollsten ist es, wenn Sie Ihr Kondolenzschreiben – wie viele andere Texte – in drei Teile untergliedern: Einleitung, Hauptteil und Schluss. Das verleiht Ihrem Schreiben Struktur und hilft Ihnen, Ihre Gedanken zu ordnen.

■ Die Einleitung

Die Einleitung umfasst in der Regel die Anrede und den Anlass des Schreibens. Sprechen Sie den Empfänger dabei – je nach Grad der Vertrautheit – konkret mit seinem Vor- oder Nachnamen an. Sie können Ihr Schreiben natürlich auch an mehrere Personen richten, zum Beispiel an die Witwe und ihre Kinder, die Geschwister, die um einen Elternteil trauern, oder die Eltern, die ihr Kind verloren haben. Beginnen Sie mit der Person, die Ihnen am nächsten steht, und bringen Sie die anderen in eine nachvollziehbare Reihenfolge, also beispielsweise erst Erwachsene, dann Kinder. Kennen Sie alle genannten Personen gleich gut, halten Sie sich an das Motto „Ladies first". Standen Sie dem Verstorbenen nicht so nahe, dass Sie die Familienverhältnisse im Detail kennen, können Sie auch mit der Anrede „Familie ..." beginnen. Je nachdem, wie eng Ihr Kontakt mit dem beziehungsweise den Hinterbliebenen bisher war, bleiben Sie auch im Kondolenzschreiben entweder beim vertraulichen Du oder dem förmlicheren Sie.

Danach folgt ein erklärender Satz, der den Anlass des Schreibens thematisiert. Bei einem Kondolenzschreiben ist das naturgemäß der Tod eines Menschen, dem wir in irgendeiner Form verbunden waren, also muss er auch erwähnt werden. Tun Sie das im Regelfall eher knapp und gehen Sie nicht detailliert auf die näheren Umstände – sofern Sie diese überhaupt kennen – ein, weil das für den Hinterbliebenen gegebenenfalls sehr schmerzlich sein kann. Das gilt insbesondere für Unfälle, Selbst- oder Fremdtötungen – hier ist Fingerspitzengefühl gefragt. Meist bietet es sich an, den Anlass – jemand ist gestorben – mit Ihrer Reaktion darauf zu verbinden. Also zum Beispiel: „Deine Nachricht vom tragischen Unfalltod deines Bruders Stefan hat mich tief betroffen und erschüttert ..." Oder: „Über den Tod Ihres Mannes sind wir sehr traurig ..."

Passen Sie Ihre Formulierung dabei den äußeren Umständen und Ihren Gefühlen an: Der Verlust eines geliebten Menschen

Es kann auch sinnvoll sein, zu erwähnen, **wann Sie die Todesnachricht erhalten haben**/wann Sie vom Tod erfahren haben. Insbesondere dann, wenn Sie erst relativ spät darauf reagieren, zum Beispiel wegen einer längeren Auslandsreise, einem Krankenhausaufenthalt usw.

ist immer schmerzhaft, aber nicht jeder Tod ist „tragisch" – insbesondere wenn der Verstorbene ein hohes Alter erreicht und ein erfülltes Leben gelebt hat. Auch ist nicht anzunehmen, dass jeder Tod Sie „zutiefst bestürzt/erschüttert" und Sie „unendlich traurig" macht. Bleiben Sie ehrlich und verbiegen Sie sich nicht. Schreiben Sie einfach das, was Sie tatsächlich empfinden. Das wirkt sehr viel authentischer und tröstender als übertriebene Betroffenheit – was natürlich nicht heißt, dass Sie diese Formulierungen nicht verwenden dürfen, wenn sie Ihre momentane Gefühlslage am treffendsten widerspiegeln.

■ Der Hauptteil

Im Zentrum des Kondolenzschreibens stehen Anteilnahme, Beileid und Trost. Hier sind vor allem Ihre persönlichen Gedanken gefragt: Warum haben Sie den Verstorbenen geschätzt (zum Beispiel weil Sie viel von ihm gelernt haben)? Was für Stärken (menschlich und gegebenenfalls auch fachlich), Vorzüge und liebenswerte Eigenheiten hatte er? Was hat der Verstorbene in Ihren Augen Bemerkenswertes geleistet? Welche besonderen Momente haben Sie gemeinsam erlebt? Welche Begebenheiten sind Ihnen in Erinnerung geblieben?

Halten Sie eine Art Rückschau, bei der Sie ein liebevolles Bild des Verstorbenen zeichnen, wobei individuelle und vor allem konkrete Beschreibungen für den Trauernden sehr viel tröstlicher sind als pauschales Lob und Allgemeinplätze. Generell gilt auch hier: Verbiegen Sie sich nicht. Halten Sie sich an das, was Sie wirklich bewegt und was Sie dem Trauernden gerne sagen möchten.

Nehmen Sie sich also vor dem Schreiben einen Moment Zeit und machen Sie sich Notizen zu den erwähnten Fragen und zu Ihren Gefühlen. Das wird Ihnen die eigentliche „Schreibarbeit" deutlich erleichtern und Ihrem Brief/Ihrer Karte die gewünschte individuelle Note verleihen.

> Schreiben Sie Ihren Text zunächst auf Schmierpapier ins „Unreine". So können Sie einzelne Formulierungen problemlos noch einmal ändern oder verwerfen. **Ein weiterer Tipp:** Lesen Sie sich das Schreiben selbst laut vor. Auf diese Weise merken Sie sehr schnell, ob es noch irgendwo „holpert".

Sofern Sie das möchten, können Sie in Ihrem Schreiben darüber hinaus auch Hilfe anbieten oder einen persönlichen Besuch zu einem späteren Zeitpunkt in Aussicht stellen (siehe Seite 23 – 24). Versprechen Sie jedoch nur, was Sie auch tatsächlich halten können und wollen. Ist es Ihnen aus einem wichtigen Grund nicht möglich, an der Beerdigung beziehungsweise an der Trauerfeier teilzunehmen, können Sie das an dieser Stelle ebenfalls erwähnen.

Mit eigenen Verlusterfahrungen sollten Sie hingegen eher vorsichtig sein, da jeder anders mit einer solchen Situation umgeht und ganz individuell erlebt. Nur wenn Sie dem Trauernden sehr nahestehen und einigermaßen abschätzen können, was ihn ihm vorgeht, bietet es sich an, eigene Erlebnisse mit einfließen zu lassen. Auch die Frage nach dem Warum sollten Sie lieber nicht stellen. Weshalb? Weil Sie letztlich keine Antwort darauf geben können und womöglich zusätzlich „Salz in die Wunde streuen" – ganz besonders dann, wenn zum Beispiel der Hinterbliebene eines Unfallopfers ohnehin ständig nach dem tieferen Grund für den in seinen Augen sinnlosen Tod sucht. Eigene Sinndeutungen verbieten sich in diesem Zusammenhang von selbst, zumal wenn es sich dabei um Floskeln wie „Er hatte das Alter" oder „Ihr ist dadurch viel Leid erspart geblieben" handelt.

◼ Der Schluss

Ein Gruß darf – ebenso wie die eigenhändige Unterschrift – auch am Ende eines Kondolenzschreibens nicht fehlen. Dieser wird in der Regel Ihre Gefühle nochmals zusammenfassen und damit Ihrer Betroffenheit, Ihrer Trauer und Ihrem Mitgefühl abschließend Ausdruck verleihen, wie zum Beispiel die Formulierung „Tief bewegt und voller Trauer" oder „Sie wird in unserer Erinnerung immer weiterleben". Hüten Sie sich bitte auch hier vor allzu offensichtlicher Übertreibung und unangemessener Theatralik.

Einige Formalia, die Sie beachten sollten

Trauernde sind in ihrem Zustand sehr sensibel, was Beileidsbekundungen angeht, und messen oft auch Kleinigkeiten, die anderen belanglos erscheinen, große Bedeutung bei.

Achten Sie daher nicht nur auf den Inhalt und die Formulierung Ihrer Kondolenz, sondern auch auf einige Formalia:

- Wählen Sie für Ihr Kondolenzschreiben eine passende – fertige oder selbst gestaltete – Karte oder einen hochwertigen weißen (allenfalls cremefarbenen) Briefbogen, niemals jedoch buntes Briefpapier. Der schwarze Trauerrand, sowohl auf dem Papier als auch auf dem Umschlag, ist den Angehörigen vorbehalten. Kondolieren Sie im Namen eines Unternehmens, verwenden Sie anstelle des „normalen" Briefpapiers den Repräsentationsbogen Ihrer Firma (ohne Adressfeld, Bezugszeichenzeile, Bankverbindung, Lieferanschrift usw.).

- Greifen Sie zum Füller oder einem gut schreibenden Faserstift (blau oder schwarz) und bringen Sie Ihren Text sowie die Anschrift des Empfängers auf dem Umschlag handschriftlich zu Papier. Den Computer beziehungsweise den Drucker (oder eventuell sogar noch die Schreibmaschine) bemühen Sie bitte wirklich nur dann, wenn Ihre Handschrift trotz echten Bemühens nicht oder nur mit großer Mühe zu entziffern ist. Verwenden Sie in diesem Fall eine dezente, gut lesbare Schreibschrift und keine „Alltagsschrift" wie Times oder Arial.

> Im beruflichen Umfeld formuliert in der Regel die Unternehmensleitung, der Vorgesetzte und/oder der Betriebsrat das Kondolenzschreiben. Aber **auch das Team**, das eng mit dem Verstorbenen zusammengearbeitet hat, kann einen **letzten Gruß** verfassen beziehungsweise einen Kranz schicken. Waren Sie mit dem betreffenden Kollegen befreundet, kondolieren Sie natürlich persönlich.

- Achten Sie darauf, dass der Empfänger nachvollziehen kann, von wem das Kondolenzschreiben stammt. Geht Ihr Name nicht eindeutig aus Ihrer Unterschrift hervor, sorgen Sie dafür, dass Ihr Name gut lesbar als Absender auf dem Umschlag genannt ist.

- Benennen Sie den Empfänger konkret („Frau/Herrn Mustermann" beziehungsweise „Familie Mustermann"), statt Ihr Schreiben „an das Trauerhaus" zu richten.

- Verzichten Sie auf die Stempel- oder Frankiermaschine. Kondolenzschreiben sollten stets mit einer Briefmarke versehen werden, deren Motiv optimalerweise dezent und dem Anlass angemessen ist – also eher eine Marke mit einem Naturmotiv als die Sondermarke zur Würdigung des beliebten Gesellschaftsspiels „Mensch ärgere dich nicht".

- Ist eine E-Mail oder SMS als erste Reaktion auf eine Todesnachricht eventuell noch akzeptabel (siehe Seite 22), kommen diese Kommunikationsformen für ein Kondolenzschreiben nicht infrage. Ein für jeden einsehbares Fax ist ebenfalls tabu. Einzige Ausnahme: Sie befinden sich für längere Zeit im Ausland und es ist abzusehen, dass ein Brief/eine Karte den Trauernden nur mit großer zeitlicher Verzögerung erreichen würde.

- Und zu guter Letzt: Werten Sie Ihr Kondolenzschreiben nicht dadurch ab, dass Sie ihm noch andere Nachrichten/Anlagen hinzufügen. Verschicken Sie diese lieber mit separater Post.

Die folgenden Mustertexte sowie die Textbausteine am Ende dieses Abschnitts sind in erster Linie als Hilfe und Anregung für Sie gedacht. Fühlen Sie sich deshalb bitte vollkommen frei, einzelne Sätze oder Abschnitte aus den Mustern ganz nach Ihrem persönlichen Geschmack und Ihrer Gefühlslage miteinander zu kombinieren. Formulieren Sie um, ändern Sie ab, tauschen Sie aus, streichen Sie und fügen Sie eigene Gedanken oder vielleicht auch eines der Zitate/einen der Sinnsprüche aus Kapitel 3 hinzu – so lange, bis letztlich „Ihr" Text entstanden ist, mit dem Sie sich identifizieren und der genau das ausdrückt, was Sie dem/den Hinterbliebenen gern übermitteln möchten.

Schreiben an die Tante, deren Mann verstorben ist

Liebe Tante Elfi,

nach der Rückkehr aus meinem Neuseeland-Urlaub fand ich deine Nachricht, dass Onkel Heinrich gestorben ist. Das macht mich unendlich traurig und ich bedaure es sehr, dass ich ihm nicht mit dir und dem Rest der Familie das letzte Geleit geben konnte. Denn Onkel Heinrich war ein echter Bilderbuch-Onkel: Kein Besuch verging, ohne dass er mit uns unser neuestes Spielzeug ausprobiert hat (selbst vor meinen Puppen schreckte er nicht zurück), durch den Garten getollt ist oder uns eine von seinen legendären Geschichten erzählt hat. Ich erinnere mich auch heute noch gern an die Sommerferien 1978, die Martin und ich bei euch verbringen durften. Eine Zeit voller Abenteuer ...

Wie schwer muss es da für dich erst sein, nach so vielen gemeinsamen Jahren Abschied nehmen zu müssen. Ich hoffe, es hilft dir ein wenig, wenn du weißt, dass andere deinen Schmerz teilen. Wenn es dir recht ist, würde ich dich in den nächsten Tagen gern besuchen und gemeinsam mit dir ans Grab gehen.

Von Herzen grüßt dich

Deine Annette

Im Familien- oder engen Freundeskreis sind Kondolenzschreiben eher die Ausnahme, da man in diesem vertrauten Umfeld in aller Regel **persönlich kondoliert** und auch an der jeweiligen Trauerfeier teilnimmt. Ein Brief oder eine Karte kommt vor allem dann zum Einsatz, wenn die persönliche Anwesenheit nicht möglich ist oder man mit dem Verstorbenen nur wenig Kontakt hatte.

Lieber Frank,

vielen Dank, dass du mir die Anzeige zum Tod deiner Mutter geschickt hast. Ich mochte sie immer sehr gern und ich trauere mit dir.

Wenn ich an sie denke, kommt mir als Erstes immer ihr herzliches Lachen in den Sinn. Und sie hat viel gelacht – obwohl wir beiden Rabauken ihr in unserer Jugend nur wenig Anlass dazu gegeben haben. Ständig musste ein aufgeschlagenes Knie versorgt oder ein zerrissener Ärmel geflickt werden. Auch euren Nachbarn, dem wir immer Streiche gespielt haben, galt es, in regelmäßigen Abständen zu besänftigen. Weißt du noch, wie sie und meine Mutter uns einmal sogar auf der Polizeiwache abholen mussten, weil wir ...?
Ich werde deine Mutter und ihr Lachen sehr vermissen. Umso schmerzlicher ist es für mich, dass ich wegen meiner Schulter-OP nicht zu ihrer Beerdigung kommen, dich in dieser schweren Stunde nicht begleiten kann. Doch ich versichere dir, meine Gedanken werden bei dir sein. Und bitte zögere nicht, mich anzusprechen, wenn du Unterstützung brauchst, egal ob bei der Erledigung der Formalitäten oder als Zuhörer. Auch weißt du, dass du hier jederzeit willkommen bist, wenn du es zu Hause allein nicht mehr aushälst. Lotte lässt dich herzlich grüßen. Sie denkt in dieser schweren Zeit ebenfalls oft an dich.

In tiefer Anteilnahme und Verbundenheit

Dein Stefan

Schreiben an die Cousine, deren Sohn bei einem Unfall ums Leben kam

Liebe Anne,
lieber Karsten,

eure Nachricht, dass Hannes, dieser liebenswerte kleine Wirbelwind, bei einem Verkehrsunfall ums Leben gekommen ist, hat uns tief bestürzt. Und auch jetzt sind wir noch immer fassungslos und finden offen gestanden keine Worte, die euch angesichts dieses tragischen Verlustes Trost spenden könnten. Das eigene Kind beerdigen zu müssen, ist wohl die traurigste und schwerste Pflicht, die man Eltern auferlegen kann. Insofern können wir euren Wunsch, nur im engsten Familienkreis Abschied zu nehmen, sehr gut verstehen. Als Eltern wagen wir uns gar nicht vorzustellen, welchen Schmerz ihr im Moment empfinden müsst, und wünschen euch von ganzem Herzen Kraft, um nach diesem schrecklichen Unglück – getragen von der Liebe eurer Familien und Freunde – wieder Halt und Zuversicht zu finden. Wir denken an euch und umarmen euch aus der Ferne.

Wir weinen mit euch.

Gabi und Jörg

Lieber Herr Kramer,

zum Tode Ihrer Frau möchten wir Ihnen und Ihren Söhnen unsere herzliche Anteilnahme und unser Mitgefühl aussprechen. Nach allem, was Sie uns in den zurückliegenden Monaten geschildert haben, waren diese für Ihre Frau und für Sie, der Sie hilflos danebenstehen mussten, von großem Leid gekennzeichnet. So tröstet es Sie vielleicht, dass der Tod in diesem Fall wohl auch eine Erlösung war. Dennoch: Sie haben einen geliebten Menschen verloren, der Sie einen weiten Weg begleitet hat und gemeinsam mit Ihnen durch Höhen und Tiefen gegangen ist. Das tut immer weh.
Und so wünschen wir Ihnen und Ihrer Familie, dass die vielen schönen Erinnerungen an Ihre Frau diesen Abschiedsschmerz bald lindern.

In stiller Verbundenheit

Romana und Manuel Geiger

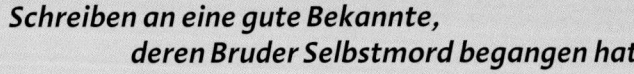

Liebe Cordula,

mit Bestürzung habe ich die Nachricht vom Tod deines Bruders gelesen und ich möchte dir sagen, wie sehr ich mit dir fühle – besonders da ich weiß, wie sehr du versucht hast, ihm aus dem tiefen Loch, in das er nach dem Verlust seines Jobs gefallen war, wieder herauszuhelfen.

Es ist grausam mitzuerleben, wie ein Mensch, den man liebt und der noch so viel vor sich hat, jeglichen Lebensmut verliert und an den Härten des Lebens zerbricht, allen Anstrengungen zum Trotz. Und so wünsche ich dir Kraft, Ruhe und liebe Menschen, die dir beistehen, damit diese Zeit des Schmerzes auch wieder einer Zeit weicht, in der du dich mit einem Lächeln an die gemeinsamen Jahre mit Benjamin erinnern kannst. Wenn ich etwas dazu beitragen kann, lass es mich bitte wissen.

Mein herzliches Beileid

Deine Charlotte

Schreiben an die Nachbarin, deren Mann unerwartet verstorben ist

Liebe Frau Neumann,

die Nachricht vom unerwarteten Tod Ihres Mannes hat uns sehr bewegt und wir möchten Ihnen auf diesem Wege unser tiefes Mitgefühl zum Ausdruck bringen.

Es ist schwer, tröstende Worte zu finden, wenn Gott einen geliebten Menschen so plötzlich zu sich ruft. Doch bleibt uns der Trost, dass er dort, wohin er uns vorausgegangen ist, von guten Mächten wunderbar geborgen ist.

Auch glauben wir an die Worte des heiligen Franz von Assisi, der sagt: „Wer stirbt, erwacht zum ewigen Leben." Seien Sie also gewiss, dass der Tod nicht das Ende ist, sondern der Beginn eines neuen, ewigen Lebens, in dem Sie und Ihr Mann eines Tages wieder vereint sein werden.

Wir beten für Sie.

Ihre Simone und Klaus Bergmann

Lieber Günther,

aus eigener leidvoller Erfahrung weiß ich, wie es ist, den geliebten Vater zu verlieren. Ich fühle mit dir und denke in dieser
schweren Zeit voller Verbundenheit an dich und deine Familie.
Mit dem Tod von Friedhelm ging ein langes, erfülltes Leben zu
Ende, und doch kommt er zu früh und reißt eine schmerzliche
Wunde. Denn auch wenn der Kontakt zwischen uns in den
letzten Jahren seltener geworden ist, erinnere ich mich immer
wieder gern und voller Dankbarkeit an die Zeit, als er mir
half, mich auf meine Meisterprüfung vorzubereiten. In diesen
Monaten habe ich – fachlich wie menschlich – enorm viel von
ihm gelernt und werde ihn stets als einen besonders humor-
vollen und hilfsbereiten Menschen in Erinnerung behalten.

Mein allerherzlichstes Beileid

Dein Jürgen

Schreiben des Vereinsvorsitzenden an die Witwe, deren Mann an Krebs gestorben ist

Sehr geehrte Frau Kempert,

die traurige Nachricht vom Tod Ihres Mannes hat uns tief getroffen. Denn auch wenn der Abschied aufgrund seiner fortschreitenden Krebserkrankung absehbar war, wird uns nun erst richtig bewusst, welch große Lücke er in unserer Vereinsgemeinschaft hinterlässt.

Denn wer ihn einmal bei einer Chorprobe erlebt hat, der wusste: der Gesang und Julius, das gehörte einfach zusammen. Und mit dieser ansteckenden Liebe zur Musik hat er es immer wieder aufs Neue geschafft, uns zu Höchstleistungen zu motivieren. Die vielen Preise, die wir unter seiner Leitung bei regionalen und nationalen Wettbewerben gewonnen haben, belegen das eindrucksvoll.

Mit seinem Tod verlieren wir aber nicht nur einen begnadeten Chorleiter, sondern auch einen teuren Freund voller Herzlichkeit und Fürsorge. Wir werden ihn sehr vermissen.

In tiefem Mitgefühl

Wolfgang Dietrich
im Namen aller Mitglieder

Liebe Hildegard,

zum Tod deiner geliebten Mutter möchten wir dir unser
tief empfundenes Beileid aussprechen. Aus deinen zahlreichen
Erzählungen wissen wir, wie eng euer Verhältnis war.
Und wir wissen auch, dass Worte in einer solchen Situation,
in der man Abschied von einem so besonderen Menschen
nehmen muss, kaum trösten können. Dennoch können sie zu
einem Anker werden, an dem man sich aufrichten kann –
so wie die folgenden:
Sie ist zwar nicht mehr bei dir, doch du wirst ihr täglich
begegnen. Das Lächeln, das sie dir geschenkt hat, ihre liebevollen Worte und alles, was sie für dich getan hat, werden
dich ein Leben lang begleiten. Ihre Liebe und deine Erinnerung
bleiben für immer!
Unsere Gedanken sind bei dir und wenn wir in irgendeiner
Weise helfen können, sage es uns bitte.

Im Namen des gesamten Tennisvereins
grüßt und umarmt dich

Deine Inge

Schreiben des Vorgesetzten an den Witwer, dessen Frau unerwartet verstorben ist

Sehr geehrter Herr Kunze,

die Nachricht vom plötzlichen Tod Ihrer Frau hat uns tief erschüttert. Und noch immer herrscht in der ganzen Abteilung Fassungslosigkeit, die nur allmählich tiefer Betroffenheit weicht. Wir alle sehen sie noch vor uns, wie sie sich vor zwei Wochen freudestrahlend von uns verabschiedet hat, um ihren lang ersehnten Sommerurlaub anzutreten. Umso unfassbarer ist es, dass wir – und vor allem Sie – nun ohne sie auskommen müssen.

Ihre Frau hat sich aufgrund ihrer fachlichen Kompetenz, ihrem Kommunikationsgeschick und ihrem klaren Blick für das Wesentliche viel Sympathie und hohe Achtung nicht nur in unserer Abteilung, sondern im gesamten Unternehmen erworben. Besonders werden wir aber ihre menschlichen Qualitäten, ihren Gemeinschaftssinn, ihre Ehrlichkeit und ihre Hilfsbereitschaft vermissen – und natürlich ihr unverwechselbares Lachen, das man noch zwei Büros weiter hören konnte ...

Unser tiefes Mitgefühl begleitet Sie.

Stefan Schäfer
im Namen aller Kolleginnen und Kollegen

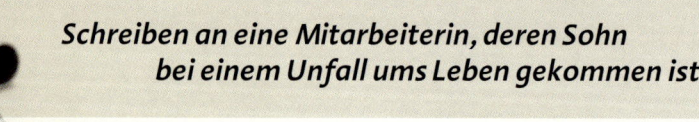

Sehr geehrte Frau Kinzelmann,

mit großer Betroffenheit haben wir von dem tragischen Unfall
erfahren, der Ihren Sohn Florian so jung und so unvermittelt
aus dem Leben gerissen hat. Wir bedauern diesen Verlust
zutiefst und möchten Ihnen und Ihrem Mann unser herzliches
Mitgefühl aussprechen.

Wie groß Ihr Schmerz ist, können wir vermutlich nicht einmal
annähernd erahnen, liegt es doch eigentlich in der Ordnung des
Lebens, dass die Kinder die Eltern begraben und nicht umge-
kehrt. Doch letztlich bleibt uns nur, Anteil an Ihrem Leid zu
nehmen und Ihnen beiden viel Kraft und gegenseitige Liebe zu
wünschen, die Sie durch die schwere Zeit des Abschieds und
der Trauer trägt. Selbstverständlich werden auch wir Sie nach
Kräften unterstützen, wenn Sie demnächst an Ihren Arbeits-
platz zurückkehren.

Mit allen guten Wünschen grüßen Sie

die Kolleginnen und Kollegen aus dem Vertrieb

Schreiben an einen Geschäftspartner, dessen Frau verstorben ist

Sehr geehrter Herr Lohmann,

mit großer Bestürzung habe ich vom Tod Ihrer Frau erfahren. Wie gern würde ich Ihnen angesichts dieses schweren Schicksalsschlages für Sie und ihre Familie etwas Trostspendendes sagen, doch mir fehlen schlicht die Worte.

Sie war ein so optimistischer und herzlicher Mensch, dass man sich in ihrer Nähe einfach wohlfühlen musste. Zusammen mit ihrer Klugheit und ihrem Charme machte sie das zu einer perfekten Gastgeberin, einer interessanten Gesprächspartnerin und einem höchst liebenswerten Menschen – wie ich selbst bei meinen zahlreichen Besuchen in Ihrem Haus erfahren durfte. Wie schwer muss Ihr Tod da erst für Sie sein! Mein tief empfundenes Beileid übermittle ich auch im Namen meiner Kollegen, die Ihre Frau ebenfalls kannten und schätzten. Wir wünschen Ihnen die nötige Zeit zum Trauern und Abschiednehmen sowie die Kraft, um wieder positiv in die Zukunft zu blicken.

Mit stillem Gruß

Ihr Heiner Kümmerle

Textbausteine zur Inspiration und Variation

Einleitung

... Gerade habe ich deine Nachricht vom Tod deiner Mutter erhalten, die mich (zutiefst/sehr) traurig macht. ...

... Ihnen und Ihrer Familie unsere herzliche Anteilnahme zum Tod Ihrer Frau. ...

... Mit großer Bestürzung und Betroffenheit haben wir die Nachricht vom (tragischen) Tod eurer Schwester vernommen. ...

... Heute erfuhr ich vom Tod Ihres Mannes. ...

... Die Nachricht vom Tod deines Vaters war ein Schock, angesichts dessen ich kaum Worte finde. ...

... Tief betroffen haben wir die Nachricht erhalten, dass Martin bei einem Unfall ums Leben gekommen ist. Wir trauern mit euch/sind in Gedanken bei euch. ...

... Es schmerzt so sehr, dass deine Frau uns für immer verlassen hat. ...

... Tante Mathilde ist tot – ich kann es noch gar nicht glauben. ...

... Das Absehbare ist schließlich eingetreten, und doch bin noch immer fassungslos. Der Tod von Roland hat mich tief/ schmerzlich getroffen. ...

... Gemeinsam mit dir trauern wir um Elisabeth. ...

... Zum Tode deines Onkels sprechen wir dir unser herzliches Mitgefühl aus. ...

... Ich danke dir, dass du mir die Anzeige zum Tod deines Bruders geschickt hast. Ich hatte ihn sehr gern und trauere mit dir. ...

... Es fällt schwer, tröstende Worte zu finden, wenn man einen so guten Freund verloren hat. ...

... Ein erfülltes Leben ist zu Ende gegangen, und doch fällt der Abschied so schwer. ...

... Für uns alle unfassbar, haben wir heute erfahren, dass dein geliebter Mann Richard gestorben ist. ...

... Mit Trauer haben meine Frau und ich von Ihrem schmerzlichen Verlust erfahren und möchten Ihnen unser tiefes Mitgefühl aussprechen. ...

Hauptteil: Anteilnahme und Trost

... Wir sind in Gedanken bei dir und teilen deinen Schmerz. ...

... Er fehlt uns bereits jetzt. ...

... Ich wünsche Ihnen, dass Sie von lieben Menschen umgeben sind, die Ihnen helfen, Ihren weiteren Lebensweg allein, aber nicht einsam zu gestalten. ...

... Ich hoffe, dass dir mein Zuspruch ein wenig zu helfen vermag. ...

... Möge dich in dieser schweren Zeit die Gewissheit trösten, dass du nicht allein bist. In meinen Gedanken bin ich ganz nah bei dir. ...

... Und doch glauben wir an die Worte des französischen Einsiedlers Charles de Foucauld, der sagte: „Für den Dahingeschiedenen bedeutet der Tod Frieden, die Gewissheit ewiger Glückseligkeit, unwandelbarer Geborgenheit." ...

... Wir wünschen dir für diese schwere Zeit des Abschieds von ganzem Herzen die nötige Kraft. Bitte sprich uns an, wenn wir dich irgendwie unterstützen können. ...

... Traurigkeit wird für lange Zeit unser Begleiter sein. ...

... Leider können wir euch nicht den Schmerz und die Trauer abnehmen, aber ihr sollt wissen, dass wir mit euch fühlen und immer für euch da sind (zum Zuhören, Trauern und Haltgeben). ...

... Ich wünsche dir, dass die vielen schönen Erinnerungen an deine Mutter den Abschiedsschmerz etwas lindern können. ...

... Ich denke an dich und wünsche dir von Herzen viel Kraft./Ich umarme euch und wünsche euch viel Kraft für die kommenden Tage und Wochen. ...

... Ich weiß, dass alle Worte des Trostes und der Anteilnahme dir im Moment nur schwer über die Trauer und den Schmerz, den du angesichts des Todes deiner geliebten Mutter empfindest, hinweghelfen können. Trotzdem möchte ich dir die folgenden Worte des indischen Dichters Rabindranath Tagore ans Herz legen: „Schöne Tage – nicht weinen, dass sie vergangen, sondern lächeln, dass sie gewesen." ...

... Mit dem Tode eines Menschen verliert man vieles, aber niemals die mit ihm verbrachte Zeit. ...

Textbausteine zur Inspiration und Variation

Haupteil: Würdigung

... Was bleibt, sind die Liebe, die Erinnerung und die tiefe Dankbarkeit, ihn gekannt zu haben. ...

... In der Geschichte unseres Vereins/unserer Gemeinde/unserer Gemeinschaft nimmt Ihr Mann einen besonderen Platz ein. ...

... Ein schmerzlicher Verlust, den wir zutiefst bedauern. ...

... Ein wahrer Freund hat uns verlassen. Wir können es immer noch nicht fassen, dass er nicht mehr da ist. ...

... Ich habe Marianne stets als ... kennengelernt/erlebt. ...

... Ich erinnere mich noch gut/besonders gern daran, wie ...

... Sein(e) ... wird/werden uns immer ein Vorbild sein. ...

... Ich habe viel von ihm gelernt und bin ihm dafür zu besonderem Dank verpflichtet. ...

... Barbara wird immer in unseren Herzen sein./In unserer Erinnerung wird deine Frau weiterleben. ...

... Wir werden sein Andenken stets in Ehren halten/ihm ein ehrendes Andenken bewahren. ...

... Ihr Tod reißt eine schmerzliche Lücke. ...

... Es war so schön, dass er bei uns war. Und es ist so traurig, dass er jetzt von uns gegangen ist. ...

... Deine Mutter war eine Frau voller Liebe und ansteckender Lebensfreude. Sie wird immer einen besonderen Platz in meinem Herzen haben. ...

Haupteil: Beileid

... Mein Mitgefühl gehört dir und deiner Familie. ...

... Ich fühle mit Ihnen und Ihrer Familie. ...

... Unser herzliches Beileid zum Tod Ihrer Mutter. ...

... Wir teilen deinen Schmerz. ...

... Dir und allen Trauernden in deiner Familie spreche ich meine herzliche Anteilnahme aus. ...

... Wir möchten Ihnen unser tiefes Mitgefühl (und unsere Anteilnahme) übermitteln. ...

... Tief berührt möchte ich dir mein Beileid ausdrücken. ...

... Wir gedenken Ihrer Frau in Trauer und Mitgefühl. ...

... Ich bedaure deinen Verlust (sehr/ zutiefst). ...

... Möge Sie unser tief empfundenes Mitgefühl (und unsere herzliche Anteilnahme) ein wenig trösten. ...

Schlusssatz

... Im Namen aller Kolleginnen und Kollegen/Mit stillem Gruß, auch im Namen aller Kolleginnen und Kollegen ...

... Von ganzem Herzen ...

... Mit stillem Gruß (auch im Namen aller Vereinsmitglieder) ....

... In tiefem Mitgefühl ...

... In stillem Gedenken ...

... Von Herzen grüßt dich/euch/Sie ...

... Wir fühlen/weinen/trauern mit dir. ...

... In Erinnerung ...

... Tief bewegt und voller Trauer ...

... In Dankbarkeit und Mitgefühl ...

... In Achtung und Liebe ...

... In Freundschaft ...

... Es tut so weh. ...

... Tief berührt ...

... In stiller/aufrichtiger/liebevoller Verbundenheit ...

... Voller Anteilnahme ...

... Ich werde ihn vermissen. ...

Eine besondere Würdigung – der Nachruf

Der Nachruf – auch Nekrolog genannt – wird von Menschen verfasst, die nicht mit dem Verstorbenen verwandt sind, aber trotzdem in einer besonderen Beziehung zu ihm standen, um damit ihrer Trauer und ihrer Anteilnahme Ausdruck zu verleihen. Dabei handelt es sich in der Regel um eine Zeitungsanzeige (oder eine Anzeige im Internet, siehe Seite 74), mit der besondere Leistungen, aber vor allem auch der Charakter, die Vorlieben und Eigenschaften des Verstorbenen gewürdigt werden sollen. Nachrufe werden meist von Firmen, Vereinen, Parteien und anderen Institutionen veröffentlicht, denen der Verstorbene zu Lebzeiten angehörte, aber auch von Freunden und Nachbarn.

Was einen gelungenen Nachruf auszeichnet

Für einen gelungenen Nachruf gilt es vor allem, den Inhalt sorgfältig auszuwählen und einen angemessenen Ton zu treffen.

Wollen Sie einen Kollegen, Mitarbeiter, Vereinskameraden oder Parteigenossen würdigen, geht es natürlich vor allem um dessen Tätigkeit und seine Bedeutung für das Unternehmen usw. Dabei läuft man jedoch leicht Gefahr, den Verstorbenen auf seine bloße Funktion zu reduzieren. Heben Sie daher stets auch seine menschlichen Qualitäten hervor. Gilt Ihr Nachruf einem Freund, stehen diese ohnehin im Vordergrund und Sie sehen sich eher mit dem Problem konfrontiert, die Anzeige nicht zu überfrachten. Um sowohl das eine als auch das andere zu vermeiden, hat es sich als hilfreich erwiesen, sich in Bezug auf den Verstorbenen folgende Fragen zu stellen:

Auch liebenswerte Macken, Spitznamen und charakteristische Aussprüche des Verstorbenen sind für einen Nachruf durchaus angemessen. Auf allzu Humoriges und Intimes sollten Sie jedoch verzichten. Und auch hier gilt: **über die Toten nur Gutes**. Ebenso unangemessen ist allerdings, den Verstorbenen zum Heiligen zu stilisieren.

Was habe ich persönlich an ihm/ihr geschätzt? Was werde ich vermissen? Was war das Besondere an ihm/ihr? Was war typisch für ihn/sie? Was haben wir gemeinsam gemacht? Die Antworten darauf bilden die inhaltliche Grundlage Ihres Anzeigentextes.

Denken Sie daran: Ein guter Nachruf ist mehr als eine bloße Auflistung von Daten, Leistungen und Auszeichnungen; ein guter Nachruf drückt vor allem die persönliche Wertschätzung aus, die Sie dem Verstorbenen gegenüber empfinden. Diese Bestätigung, dass auch andere den geliebten Menschen geschätzt haben und ihn vermissen werden, ist übrigens ein wichtiger Trost für den beziehungsweise die Hinterbliebenen.

Verwenden Sie dabei eine klare, moderne Sprache. Es ist ein Irrtum, dass große Worte sowie antiquierte Formulierungen („Unser lieber Vater ist den Weg alles Vergänglichen/von hinnen gegangen") den Text besonders würdig und gewichtig erscheinen lassen. Genau das Gegenteil ist der Fall: Diese meist schwülstig anmutende Sprache wirkt unglaubhaft und überzogen.

Selbstverständlich können Sie sich aber auch der Worte eines anderen bedienen und ein passendes Zitat beziehungsweise einen Trauerspruch verwenden (siehe ab Seite 106).

Einige Formalia, die Sie beachten sollten

Ihr Nachruf sollte möglichst zeitgleich mit der Todesanzeige erscheinen – stimmen Sie sich hier gegebenenfalls mit den Angehörigen ab –, spätestens aber bis zum Tag der Beerdigung. Darin sollte neben dem Namen des Verstorbenen (sowie gegebenenfalls dem Geburtsnamen) auch das Sterbedatum und der Geburtstag beziehungsweise das Alter genannt werden. Selbstverständlich darf der Name desjenigen, der die Anzeige aufgibt – ob nun Privatperson oder Institution – ebenfalls nicht fehlen.

Weitere Punkte, die Sie in diesem Zusammenhang berücksichtigen sollten, sind:

- Das Wort „Nachruf" ist als Überschrift überflüssig, da jeder, der die Anzeige liest, sofort erkennt, dass es sich dabei um einen solchen handelt.

- Besondere Ehrungen und Auszeichnungen können, müssen aber nicht erwähnt werden, zum Beispiel „Ehrenbürger der Stadt Hamburg", „Trägerin des Bayerischen Verdienstordens", „Ehrenvorsitzender des Vereins ...". Das ist insbesondere dann sinnvoll, wenn die Auszeichnung dem Verstorbenen besonders viel bedeutet hat. Das Gleiche gilt für den Beruf des Verstorbenen.

- Beim Nachruf sollte das Wort „Herr" beziehungsweise „Frau" dem Namen vorangestellt werden.

- Sprechen Sie für eine Institution, sollten Sie zusätzlich Ihre Funktion erwähnen, also zum Beispiel Geschäftsführer, Betriebsratsvorsitzender, Vereinsvorstand, Parteivorsitzender usw. Sprechen Sie für eine Gruppe, ohne dass Sie diese aufgrund eines Amtes, das Sie innehaben, repräsentieren, stellen Sie sicher, dass die Genannten mit dem Text einverstanden sind.

- Der Name der Firma/Institution beziehungsweise deren Logo sollte nicht größer oder auffälliger sein als der Name des Verstorbenen.

- Vorsicht Formulierungsfalle: Institutionen haben keine Gefühle. Dementsprechend trauert nicht der Verband, der Verein oder die Firma, sondern es trauern die Mitglieder – beziehungsweise die Mitarbeiter.

Die folgenden Formulierungsbeispiele können sowohl als Vorlage verwendet werden, als auch der Inspiration dienen. Sie sollen Ihnen helfen, Ihre Gefühle und Ihre Wertschätzung für den Verstorbenen in würdige Worte zu fassen.

Die Lehrer des Gutenberg-Gymnasiums Musterstadt trauern um

Herrn Martin Muster

Oberstudienrat

der am 15.3.2010 im Alter von 58 Jahren nach kurzer schwerer Krankheit verstorben ist. Mit ihm verlieren wir einen leidenschaftlichen Kollegen, der es immer wieder aufs Neue schaffte, seine Schüler für die lateinische Sprache und die Kultur der klassischen Antike zu begeistern. Lehrer zu sein bedeutete für Martin Muster an erster Stelle Zuwendung – für seine Schüler, für Eltern, für das Kollegium. Wir erinnern uns an ihn mit hoher Anerkennung und in großer Dankbarkeit.

Wilhelm Mustermann
Oberstudiendirektor

Markus Mustermann
Studiendirektor, Personalrat

Der Gedanke, das Leben ohne dich weiterführen zu müssen, ist unvorstellbar.

(Herr) Florian (Mustermann)
* 5. März 1983   † 1. Januar 2010

Wir werden dich unsagbar vermissen, aber du wirst in unseren Herzen weiterleben.

Deine Freunde in und um Musterdorf

In tiefer Trauer nehmen wir Abschied von unserem Chormitglied

Frau Martina Mustermann

geb. Musterfrau
* 1. Januar 1943   † 2. März 2010

Ihr glockenheller Sopran, ihr ansteckendes Lachen und ihr offenes, warmherziges Wesen haben in unserer Erinnerung einen festen Platz gefunden.

Die Mitglieder des Chors St. Michaelis
Musterdorf, den 4. März 2010

Menschen treten in unser Leben und begleiten uns eine Weile, einige bleiben für immer, denn sie hinterlassen Spuren in unseren Herzen.

(Herr) Michael (Muster)

* 2. Dezember 1951   † 1. August 2010

Ich bin stolz darauf, dass du mich deinen Freund nanntest, und glücklich darüber, mit dir viele gemeinsame Stunden verbracht zu haben, in denen wir Glück und Leid teilten.

Die Welt ist kälter ohne dich!

Markus (Mustermann)

Wir nehmen Abschied von unserer ehemaligen Mitarbeiterin und Kollegin

Frau Angelika Musterfrau

geb. Muster
* 7. Juni 1928   † 9. April 2010

Frau Musterfrau war fast 30 Jahre in unserer Firma beschäftigt, bevor sie 1993 in den wohlverdienten Ruhestand trat. In dieser Zeit hat sie sich die uneingeschränkte Achtung und Anerkennung von Vorgesetzten und Mitarbeitern erworben.

Wir werden sie als sympathische, liebenswerte und kompetente Kollegin in Erinnerung behalten. Unser tiefes Mitgefühl gilt den Angehörigen.

Geschäftsleitung und Belegschaft der
Musterfirma AG, Musterstadt

Die Gemeinderäte der Gemeinde Musterhausen trauern um
ihr langjähriges Mitglied

Herrn Dr. Christoph Mustermann

Träger des Bayerischen Verdienstordens

der am 10.2.2010 im Alter von 67 Jahren bei einem tragischen
Verkehrsunfall ums Leben kam.
Der Verstorbene gehörte dem Gemeinderat seit mehr als 18 Jahren
an und hat sich in dieser Zeit aufgrund seiner hohen Sachkompetenz,
aber auch wegen seiner ausgleichenden Art über alle Parteigrenzen
hinweg hohe Achtung und Respekt erworben. Sein unermüdliches
Engagement, das weit über das normale Maß hinausging, hat maß-
geblich zu der positiven Entwicklung Musterhausens in den letzten
Jahren beigetragen.

Wir werden ihn sehr vermissen und ihm stets ein
ehrendes Andenken bewahren.

Dr. Muster
1. Bürgermeister

Wir blicken auf das Unfassbare und nehmen tief erschüttert Abschied
von unserer Vereinskameradin

Frau Martina Muster

* 18. Juni 1964   † 1. April 2010

Der Gedanke, sie nie mehr an unserem Tisch sitzen und spielen zu
sehen, erfüllt uns mit großer Traurigkeit. Denn mit ihrer Herzlichkeit,
ihrem Humor und ihrem unermüdliches Engagement – sei es in ihrer
Funktion als Kassenwart oder bei der Ausrichtung unseres großen
Sommerturniers – war sie eine tragende Säule des Vereins.
Wir sind dankbar für die vielen frohen Stunden, die Martina Muster
uns geschenkt hat und sie wird in unseren Gedanken noch lange
unter uns sein.
Unser ganzes Mitgefühl gilt ihren Kindern und ihrem Mann.

Arno Mustermann
1. Vorsitzender des Skat-Clubs „Vier Buben" im Namen aller Mitglieder

Plötzlich, für uns alle unfassbar,
verstarb im Alter von nur 46 Jahren

Herr Arno Mustermann

* 18. Juni 1964   † 3. Mai 2010

Mit ihm verlieren wir nicht nur einen sehr geschätzten Mitarbeiter, der sich durch großes Engagement, Organisationstalent und eine schier unerschöpfliche Kreativität auszeichnete, sondern auch einen Kollegen und Vorgesetzten, der sich der Härte der Geschäftswelt zum Trotz stets seine menschlich-herzliche Art bewahrte.

In Hochachtung und Dankbarkeit trauern wir mit seiner Familie, der unsere aufrichtige Anteilnahme gilt.

Die Betriebsleitung und Belegschaft der
MUSTERFIRMA GmbH

Von allen Geschenken, die uns das Schicksal gewährt,
um das Leben beglückend zu gestalten, ist die Freundschaft das schönste.

Barbara

* 6. Februar 1971   † 9. Mai 2010

Danke für die vielen frohen Stunden, die du uns geschenkt hast.

**Sandra – Tim – Gabriele – Miriam – Thomas
Sascha – Ursula – Sonja – Stefan**

Abschied nehmen

*Für die meisten Menschen stellt die Beerdigung beziehungs-
weise die Trauerfeier die offizielle Verabschiedung von dem
Verstorbenen dar. Und auch hier gilt es, angemessene Worte
zu finden – für einen letzten Gruß, für den Eintrag in das Kondolenzbuch und vor allem für die Rede am offenen Grab oder
auch an der Trauertafel. Besonders die Grabrede ist eine schwierige Aufgabe, denn bei aller eigenen Aufgewühltheit und Trauer
soll gerade diese den Toten würdigen, liebevoll an ihn erinnern
und den Hinterbliebenen, die noch einmal ganz unmittelbar mit
dem Tod des Verstorbenen konfrontiert werden, Trost spenden. Eine Aufgabe, die Einfühlungsvermögen, eine gute Vorbereitung und nicht zuletzt eine gewisse Portion Mut verlangt.*

Der offizielle Abschied – die Beisetzung

In Europa werden vor allem zwei Arten der Beisetzung prak-
tiziert: Zum einen die Feuerbestattung, bei welcher der Tote
verbrannt und seine Asche in einer Urne beigesetzt wird;
zum anderen die Sargbestattung, wobei es sich dabei nicht
immer um eine Erdbestattung handeln muss, zum Beispiel
wenn der Verstorbene statt in einem Grab in einem Mau-
soleum zur letzten Ruhe gebettet wird. Die Bestattung
des Toten findet nach wie vor meist im Rahmen eines Gottesdienstes statt, seltener im Rahmen einer sogenannten
weltlichen Trauerfeier. In der christlichen Kirche wird der
Übergang vom Diesseits ins Jenseits ebenso feierlich be-
gangen wie die Taufe, die Kommunion oder die Trauung.

*Entsprechend respektvoll sollten Sie sich bei einer Trauerfeier
verhalten und folgende Dinge beachten:*

- Möchten die Hinterbliebenen nur im engsten Freundes-
  und Familienkreis Abschied von dem Verstorbenen nehmen,
  finden Sie sich bitte nur dann auf dem Friedhof ein, wenn
  Sie ausdrücklich zur Beisetzung eingeladen wurden.

Wurden Ort und Zeit der Beerdigung hingegen in einer Traueranzeige veröffentlicht, darf jeder erscheinen, der dem Verstorbenen die letzte Ehre erweisen möchte.

- Auch den oft von Hinterbliebenen geäußerten Wunsch „von Beileidsbezeugungen am Grab Abstand zu nehmen" sollten Sie respektieren – genauso wie die Bitte, statt Blumen oder Kränzen einer bestimmten wohltätigen Organisation eine Spende zukommen zu lassen (es sei denn, die Ziele der genannten Organisation sind mit Ihrer Einstellung und Ihren Werten absolut nicht vereinbar). Was die Höhe der Spende angeht, können Sie sich in etwa an dem Betrag orientieren, den Sie andernfalls für einen Kranz oder ein Gesteck ausgegeben hätten.

- Tragen Sie eine dem Anlass angemessene, förmliche Kleidung. Für Frauen empfiehlt sich ein dunkles – nicht zwingend schwarzes – Kostüm oder ein dunkler Hosenanzug in Kombination mit einer ebenfalls dunklen oder einer weißen Bluse. Auch ein Kleid in schwarz-weiß, grau oder dunkelblau ist geeignet. Dazu gehören – auch im Sommer(!) – dunkle Strümpfe und dunkle geschlossene Schuhe ohne Absatz. In Bezug auf Schmuck und Make-up ist Zurückhaltung angesagt. Als Mann tragen Sie am besten einen dunklen Anzug mit einem weißen oder hellblauen Hemd und einer passenden dunklen (unifarbenen) Krawatte. Was die Füße angeht, halten Sie es wie die Frauen: dunkle Strümpfe und dunkle geschlossene Schuhe. Macht die Witterung einen Mantel, eine Jacke und/oder ein Regenschirm erforderlich, sollten diese – genau wie Handtasche oder Schal – ebenfalls eine gedeckte Farbe haben.

- Ein Hut ist kein Muss mehr und auch ein Trauerflor wird eher selten getragen. Generell wird die Kleidungsfrage heute etwas lockerer gesehen; kurze Hosen, Jeans, Baggy Pants, Minirock, Sandalen, Turnschuhe und Baseballkappen sind bei einer Beerdigung aber trotzdem fehl am Platz.

- Der Respekt gegenüber dem Toten und den Trauernden gebietet bei Trauerfeiern unbedingte Pünktlichkeit. Planen Sie bei einer längeren Anfahrt oder als Ortsunkundiger also entsprechende Zeitpuffer ein.

- Ein während der Trauerfeier klingelndes Handy wäre eine kaum wiedergutzumachende Taktlosigkeit. Stellen Sie daher sicher, dass Ihr Mobiltelefon wirklich ausgeschaltet ist (nicht nur stumm oder auf Vibrationsalarm) – am besten lassen Sie es gleich im Handschuhfach oder zu Hause.

- Während des Gottesdienstes sollte nicht gefilmt der fotografiert werden, um die anderen Trauergäste nicht in ihrer Andacht zu stören.

- Ihren Kranz oder Ihr Gesteck legen Sie vor Beginn der Trauerfeier an dem dafür vorgesehenen Platz ab oder übergeben ihn/es einem Mitarbeiter des Beerdigungsinstituts oder gegebenenfalls des Friedhofs.

Die Trauerfeier

Als Gast eines Bestattungsgottesdienstes beziehungsweise einer weltlichen Trauerfeier finden Sie sich zirka eine Viertelstunde vor der im Trauerbrief oder der Todesanzeige angegebenen Zeit in der Kirche oder der Trauerhalle ein. So haben Sie ausreichend Zeit, vor Beginn der Beerdigung noch einmal still am Sarg Abschied von dem Toten zu nehmen, sich gegebenenfalls in eine ausliegende Kondolenzliste oder ein Kondolenzbuch einzutragen (siehe ab Seite 70) oder dem/den Hinterbliebenen persönlich zu kondolieren (siehe ab Seite 14). Danach suchen Sie sich diskret einen Platz. Ihnen bekannte Gäste grüßen Sie stumm per Kopfnicken oder Händedruck, auf Plaudereien verzichten Sie bitte. Oftmals signalisiert ein Orgelstück den Beginn der Trauerfeier, die gewöhnlich 30 bis 40 Minuten dauert.

Handelt es sich um eine **Urnenbeisetzung**, können Trauerfeier (Feuerbestattung) und Beisetzung (Urnenbegräbnis) auch getrennt voneinander erfolgen. In diesem Fall findet meist nur die Trauerfeier öffentlich statt, die eigentliche Beisetzung der Urne hingegen im kleinen Kreis.

▨ Der Totenzettel

In manchen Gegenden wird auch heute noch der alte katholische Brauch gepflegt, zum Gedenken an den Verstorbenen kleine (meist im Format DIN A6 oder DIN A7) zwei- oder vierseitige Totenzettel – auch Sterbe- oder Totenbildchen genannt – zu drucken. Er enthält in der Regel ein Bild des oder der Toten, den Namen, die Lebensdaten (bei der vierseitigen Version eine kurze Vita), einen Spruch, ein Bibelzitat oder ein kurzes Gebet sowie christliche Symbole und Schmuckelemente nach Geschmack. Verteilt werden die Totenzettel während der Trauerfeier oder sie werden zusammen mit der Danksagung verschickt.

Der Trauerzug

Nach der Trauerfeier nehmen die Gäste, die sich dem Trauerzug anschließen möchten, entsprechend der Sitzordnung in der Kirche oder Aussegnungshalle Aufstellung, um dem Verstorbenen das letzte Geleit zu geben. Das heißt konkret: Unmittelbar hinter dem Sarg geht der Geistliche, gefolgt von den engsten Angehörigen. Ihnen schließen sich weitere Verwandte und Freunde sowie die Trauerredner an, während sich weniger enge Bekannte – Nachbarn, Arbeitskollegen, Vereinskameraden usw. – am Ende des Zuges einreihen. Trauergäste, die sich dem Zug nicht anschließen, verabschieden sich unauffällig. Achtung: Verschonen Sie die trauernden Angehörigen so kurz vor diesem schweren Gang mit Ihren Beileidsbekundungen. So gut sie auch gemeint sein mögen, stellen sie für die Hinterbliebenen in dieser Situation meist nur eine Störung dar und sorgen für zusätzlichen Schmerz.

Abschied am Grab

Ist der Trauerzug am offenen Grab angekommen, vollzieht der Geistliche das eigentliche Bestattungsritual. Daran schließen sich eine oder mehrere Trauerreden an. Diese werden von Trauergästen gehalten, die zu dem Verstorbenen entweder eine enge persönliche Beziehung hatten oder im Rahmen ihrer Funktion – Vereinsvorsitzender, Arbeitgeber, Kommandant der freiwilligen

Feuerwehr, Bürgermeister, ... – an seine Verdienste und sein Engagement erinnern möchten (siehe ab Seite 76)

Nun spricht der Geistliche die Aussegnungsformel, nach welcher der Sarg abgesenkt wird. Tragen Sie als Mann einen Hut, ist dies der Zeitpunkt, ihn als Zeichen des Respekts abzunehmen.

Die Urnenbeisetzung verläuft ähnlich wie eine Sargbeisetzung. Wird die Urne in eine **Urnenwand** gesetzt, entfällt naturgemäß das Nachwerfen von Erde als Zeichen irdischer Vergänglichkeit. Ihre Blume/n legen Sie in diesem Fall vor die Urnenwand beziehungsweise in die Urnennische.

Schließlich treten die Trauergäste einzeln oder paarweise ans Grab, um Abschied zu nehmen. Die Reihenfolge entspricht dabei der des Trauerzuges. Ob Sie lediglich in stillem Gedenken verharren, sich leicht vor dem Verstorbenen verbeugen, einen kleinen Strauß – der traditionell nicht mehr als fünf Blüten enthält – beziehungsweise eine einzelne Blume ins Grab fallenlassen oder dem Brauch folgen, Erde auf den Sarg zu werfen (meist steht dazu eine kleine Schaufel parat, Sie können aber auch die bloße Hand verwenden; üblicherweise wirft man eine oder drei Handvoll beziehungsweise Schaufeln), bleibt Ihnen überlassen. Es ist auch vollkommen in Ordnung, sich an dieser Stelle zurückzuhalten und sich der Trauergemeinde anzuschließen, die bereits vom Grab zurückgetreten ist.

Dies ist auch der Moment, den Angehörigen mit ein paar persönlichen Worten, einem stillen Händedruck und/oder einer Umarmung zu kondolieren. Da diese Beileidsbekundungen am offenen Grab die Hinterbliebenen oftmals emotional überfordern, sollten Sie es kurz machen oder eventuell sogar ganz davon absehen. Insbesondere dann, wenn im Vorfeld explizit darum gebeten wurde (siehe Seite 63) oder die Familie mit einigen Schritten Abstand zu den übrigen Trauergästen unausgesprochen einen solchen Wunsch signalisiert. Sind Sie zum Trauermahl eingeladen (siehe unten), bietet sich in diesem etwas privateren Kreis dazu oftmals eine bessere Gelegenheit.

Das Trauermahl

Häufig findet nach der Beerdigung zum Gedenken an den Toten noch ein Trauermahl (Leichenschmaus) beziehungsweise ein Trauerkaffee statt. Während es früher üblich war, dass sich die gesamte Trauergemeinde zum Leichenschmaus trifft, setzt die Teilnahme heute in aller Regel eine Einladung voraus. Diese erfolgt meist im Rahmen des Trauerbriefs oder persönlich, hin und wieder auch spontan während der Trauerfeier. Eine solche Einladung bedeutet gleichermaßen Ehre wie Pflicht. Lehnen Sie diese also nur ab, wenn Sie wirklich überhaupt keine Möglichkeit sehen daran teilzunehmen – ist das Trauermahl für viele doch ein wichtiger Bestandteil der Trauerarbeit und ein erster Schritt zurück ins „Leben". Nicht selten werden dabei heitere Begebenheiten aus dem Leben des Verstorbenen sowie positive Erinnerungen ausgetauscht. Tragen auch Sie wenn möglich mit der einen oder anderen Anekdote zu dieser Atmosphäre des liebevollen Gedenkens bei.

Die Verabschiedung ist ein guter Zeitpunkt, um nochmals die eigene Anteilnahme zum Ausdruck zu bringen, Trost zu spenden, Hilfe anzubieten oder eine Gegeneinladung auszusprechen beziehungsweise einen Besuch anzukündigen. Und auch hier gilt: Machen Sie keine Versprechungen, die Sie nicht halten können oder wollen.

Der letzte Gruß – die Kranzschleife

Traditionell gehören zur Trauerfeier und der Beisetzung Blumen in Form von Kränzen, Gebinden und Gestecken. Sie sind gedacht als ein letzter Gruß an den Verstorbenen, aber auch als Zeichen der Anteilnahme und der Verbundenheit mit den Hinterbliebenen. Der Blumenschmuck wird mit entsprechend formulierten Trauerkarten (siehe ab Seite 26) oder – was meist der Fall ist – mit einer Schleife versehen, die einen individuellen Aufdruck trägt. Dabei handelt es sich aufgrund des beschränkten Platzes um eine kurze Botschaft, die weder zu salopp noch übertrieben gestelzt ausfallen sollte. Am besten thematisieren Sie einfach das, was Sie mit dem Verstorbenen verbunden hat beziehungsweise was Sie ihm gern noch gesagt hätten – zum Beispiel die Liebe oder Freundschaft, die Sie für ihn empfunden haben, die Dankbarkeit, die Sie ihm gegenüber fühlen, oder Sie nehmen Bezug auf das Gedenken und das Gefühl des Verlustes. Denken Sie bei der Formulierung auch daran, dass ein Begräbnis in der Regel eine öffentliche Veranstaltung ist – allzu Intimes ist daher nicht ratsam. Und vergessen Sie den „Absender" nicht. Je nachdem, wie nahe Sie dem Verstorbenen standen, zeichnen Sie mit Ihrem Vornamen (eventuell plus Familiengrad: „Dein Sohn Johannes") oder mit Ihrem gesamten Namen beziehungsweise dem Namen der Institution (Verein, Firma, Partei, Gewerkschaft, …), die Sie vertreten.

> Lassen Sie Ihren **Kranz (Gesteck, Gebinde)** am besten direkt vom Floristen an den Friedhof schicken (nicht an das Trauerhaus!). Dieser berät Sie auch bezüglich möglicher Ornamente und Symbole sowie bei der Auswahl der Blumen.

Hier einige Anregungen, die Ihnen als Formulierungshilfe dienen können:

- In Liebe und Dankbarkeit
- Abschied nur für kurze Zeit
- Du bist bei uns
- Alles hat seine Zeit
- Wir vergessen dich nicht
- Aus Gottes Hand – in Gottes Hand
- Verbunden über den Tod hinaus
- Ein stiller/letzter Gruß
- Der Abschied fällt schwer
- Im Vertrauen auf Gott
- Du hinterlässt eine Lücke
- Geliebt und unvergessen

- In dankbarer Verbundenheit
- Ruhe sanft
- Mögen Engel dich geleiten
- Wir vermissen dich/Du fehlst uns
- In lieber Erinnerung
- Tot ist nur, wer vergessen ist
- In tiefer/großer Trauer
- Fürchte dich nicht, denn ich habe dich erlöst
- In memoriam
- Auf ein Wiedersehen
- In stillem/liebevollem Gedenken
- Im Glauben an das ewige Leben
- Lebe in Christus
- Jedem Ende wohnt ein Anfang inne
- In Verbundenheit/Liebe
- Du bist nicht fort, du bist nur fern
- Einem lieben Freund
- Ein erfülltes Leben ist beendet
- Gott schenkt dir Flügel
- Wir gedenken deiner
- Abschied in Dankbarkeit
- Begrenzt ist das Leben, unendlich die Erinnerung

- Danke, dass es dich gab
- Immer mit dir verbunden
- Dem Herrn entgegen
- Die Freundschaft lebt weiter
- Den Augen fern, dem Herzen ewig nah
- Der Tod führt uns zum Leben
- Friede deiner Seele
- Fliege auf den Flügeln der Liebe
- Du bist in unseren Herzen
- Du gehst nur voraus
- Gott behüte dich
- Ein letztes Lebewohl
- Du bleibst uns unvergessen
- Du gingst zu früh
- Im Hoffen auf Christus
- Für immer im Herzen
- Im Tod liegt das Leben
- Freunde sind Menschen, die man nie vergisst
- Gott rief deinen Namen
- Es ist schön, dir begegnet zu sein
- Der Weg bringt uns wieder zusammen

Zur Erinnerung – das Kondolenzbuch/die Kondolenzliste

Das Kondolenzbuch beziehungsweise die Kondolenzliste erfüllt gleich zwei Aufgaben: Zum einen führt sie den Hinterbliebenen noch einmal ganz unmittelbar die Anteilnahme der Trauergäste und die Wertschätzung vor Augen, die der Verstorbene genossen hat. Und gerade dieses Wissen, dass der geliebte Mensch auch von zahlreichen anderen vermisst wird und man mit seiner Trauer nicht allein ist, ist für viele Hinterbliebene ungemein tröstlich. Darüber hinaus erfüllt das Kondolenzbuch/die Kondolenzliste noch einen ganz praktischen Zweck: Sie dokumentiert, wer bei der Trauerfeier anwesend war. Das erleichtert den Versand eines Dankschreibens und gegebenenfalls eines Totenzettels (siehe Seite 65) erheblich – insbesondere dann, wenn statt Blumenschmuck um eine Spende an eine wohltätige Organisation gebeten wurde.

Insofern gilt: Liegt ein Kondolenzbuch/eine Kondolenzliste aus, tragen Sie sich bitte auch ein. Sie tun dies – handschriftlich – mit Ihrem Namen (ohne Nennung der Institution oder des Unternehmens, das Sie eventuell repräsentieren; die Anschrift wird in der Regel ebenfalls nicht genannt) sowie einem passenden Sinnspruch beziehungsweise Zitat, wobei das Kondolenzbuch etwas mehr Platz bietet, zum Beispiel für einige persönliche Gedanken oder Erinnerungen. Am besten überlegen Sie sich schon vor der Trauerfeier, was Sie schreiben möchten, denn währenddessen bleibt aufgrund der Zahl derer, die sich außer Ihnen noch eintragen wollen, oftmals nicht viel Zeit zum Überlegen.

Hier einige Mustertexte, weitere Anregungen finden Sie ab Seite 106:

- Und immer sind da Spuren deines Lebens, Bilder, Augenblicke und Gefühle, die uns an dich erinnern und uns glauben lassen, dass du bei uns bist.

- Das Licht der Liebe ist stärker als die Schatten des Todes.

- Es gibt viel Trauriges in der Welt und viel Schönes. Manchmal scheint das Traurige mehr Gewalt zu haben, als man ertragen kann, dann stärkt sich indessen leise das Schöne und berührt wieder unsere Seele.

  Hugo von Hofmannsthal, österreichischer Schriftsteller und Dramatiker (1874–1929)

- Die Erinnerung an all das Schöne mit dir wird stets in uns lebendig sein.

- Die Liebe zu den Deinen war stets dein großes Streben.
  Trotz Arbeit, Kummer und Sorgen hast du uns immer
  Halt und Trost gegeben.
  Nun stehen wir allein ohne deine starke Hand.
  Doch in unserem Herzen, liebe/r ..., hält uns ein unzertrennliches Band.

- Keiner geht ganz von uns – er geht nur voraus.

- Wir wissen: Wenn unser irdisches Zelt abgebrochen wird, dann haben wir eine Wohnung von Gott, ein nicht von Menschenhand errichtetes ewiges Haus im Himmel.

- Wenn wir dir auch Ruhe gönnen,
  ist doch voll Trauer unser Herz.
  Dich leiden zu sehen und nicht helfen zu können,
  war für uns der größte Schmerz.

- Ein guter, edler Mensch, der mit uns gelebt, kann uns nicht genommen werden, er lässt eine leuchtende Spur zurück, gleich jenen erloschenen Sternen, deren Bild noch nach Jahrhunderten die Erdbewohner sehen.

  Thomas Carlyle, schottischer Historiker (1795–1881)

- Du hast den Lebensgarten verlassen, doch deine Blumen blühen weiter.

- Wenn man einen geliebten Menschen verliert, gewinnt man einen Schutzengel dazu.

- Du kannst Tränen vergießen, weil er gegangen ist. Oder du kannst lächeln, weil er gelebt hat. Du kannst die Augen schließen und beten, dass er wiederkehrt. Oder du kannst die Augen öffnen und all das sehen, was er hinterlassen hat.

- Eine Vase kann man zerbrechen, doch der Duft einer Rose wird für immer bleiben.

- Der Tod ist nicht das Ende, nicht die Vergänglichkeit, der Tod ist nur die Wende, Beginn der Ewigkeit.

- Erinnerungen sind kleine Sterne, die tröstend in das Dunkel unserer Trauer leuchten.

- Der Tod eines geliebten Menschen ist die Rückgabe einer Kostbarkeit, die Gott uns nur geliehen hat.

- Der Tod ist der Grenzstein des Lebens, aber nicht der Liebe.

- Erinnerungen erzählen von Liebe, von Nähe und all dem Glück, das wir durch einen geliebten Menschen erfahren durften. Erinnerungen gehen nicht ohne das Versprechen wiederzukehren, wenn unser Herz sie ruft.

- Wenn die Kraft versiegt, die Sonne nicht mehr wärmt, dann ist der ewige Frieden eine Erlösung.

- Möglicherweise ist ein Begräbnis unter Menschen ein Hochzeitsfest unter Engeln.
  Khalil Gibran, christlich-libanesischer Schriftsteller und Maler (1883–1931)

- Nach der Zeit der Tränen und der tiefen Trauer bleibt die Erinnerung. Die Erinnerung ist unsterblich und gibt uns Trost und Kraft.

- Dem Auge fern, dem Herzen ewig nah.

- Als der Regenbogen verblasste, da kam der Albatross und er trug mich mit sanften Schwingen weit über die sieben Weltmeere. Behutsam setzte er mich an den Rand des Lichts. Ich trat hinein und fühlte mich geborgen. Ich habe euch nicht verlassen, ich bin euch nur ein Stück voraus.

- Nur wer vergessen wird, ist tot. Du wirst ewig leben.

- Von den Sternen kommen wir, zu den Sternen kehren wir zurück, von jetzt bis in alle Ewigkeit.

- Der Tod ist wie eine Kerze, die erlischt, wenn der Tag anbricht.

- Eine Stimme, die uns vertraut war, schweigt. Ein Mensch, der immer für uns da war, ist nicht mehr. Er fehlt uns. Was bleibt, sind dankbare Erinnerungen, die uns niemand nehmen kann.

- Jedes Wort – zu viel und doch zu wenig.

- ... und am Ende meiner Reise hält der Ewige die Hände und er winkt und lächelt leise – und die Reise ist zu Ende.
  Mathias Claudius, deutscher Dichter (1740–1815)

- Für uns ist es der Sonnenuntergang, für dich aber ein Aufgang.

- In Liebe geboren. In Liebe gelebt. In Liebe gestorben.

- Der Tod kann auch freundlich kommen zu Menschen, die alt sind, deren Hand nicht mehr festhalten will, deren Augen müde werden, deren Stimme nur sagt: Es ist genug. Das Leben war schön.

- Ich bin nur eine kleine Welle auf dem Ozean. Die Welle kommt und geht. Der Ozean bleibt, ist immer da.

Trauer im Internet

Das Internet erobert immer mehr Bereiche unseres Lebens. Es ist also kein Wunder, dass sich im World Wide Web mittlerweile auch zahlreiche Internetseiten rund um das Thema Tod und Trauer finden: Es gibt virtuelle Kondolenzbücher und Friedhöfe, Sie können eine elektronische Kondolenzkarte versenden oder einen virtuellen Nachruf verfassen. Zudem bieten diverse Internetseiten Informationen für den Trauerfall sowie Hilfe, Unterstützung und Zuspruch für Trauernde – insbesondere für Trauernde, die es nicht schaffen, den erlittenen Verlust zu verarbeiten. Eine Zusammenstellung hilfreicher Internetadressen finden Sie ab Seite 140).

Gerade virtuelle Kondolenzbücher erfreuen sich zunehmender Beliebtheit, wie prominente Beispiele wie Michael Jackson oder Robert Enke zeigen. Und das ist vollkommen in Ordnung, da alles, was der Trauerbewältigung dienen kann, grundsätzlich erst einmal zu begrüßen ist. Sie sollten sich nur bewusst darüber sein, dass hier auch Gefahren lauern: Online-Kondolenzbücher werden von einigen Internetnutzern leider immer wieder für Beleidigungen und Verunglimpfungen missbraucht, was für die Trauernden besonders verletzend ist. Zudem sollten Sie bedenken, dass nicht alle Menschen dem Internet gleich offen gegenüberstehen. So kann eine elektronische Kondolenzkarte – egal wie geschmackvoll sie gestaltet und wie einfühlsam sie formuliert ist – statt zu trösten auch Befremden auslösen oder sogar als Missachtung empfunden werden. Sie sind auf der Suche nach Informationen und Hilfe? Dann behalten Sie im Hinterkopf, dass es im Internet genau wie im „richtigen" Leben einige schwarze Schafe gibt, die vor allem eines wollen – aus Ihrer Trauer und Ihrem Schmerz Profit zu schlagen. Prüfen Sie also genau, wer Ihnen da was anbietet.

Natürlich gibt es im Netz auch zahllose seriöse Webseiten und Portale, die wertvolle Unterstützung leisten, hilfreiche Auskünfte geben und ebensolche Dienste anbieten, ob nun kostenfrei oder kostenpflichtig. Inwieweit Sie davon Gebrauch machen, hängt davon ab, wie internetbegeistert Sie sind, und ist allein Ihre Entscheidung. Doch bitte: Gehen Sie verantwortungsvoll, bewusst und vorsichtig mit dem Medium Internet um, gerade bei diesem sensiblen Thema.

Zuspruch, Gedenken und Ehrung – die Trauerrede

Bei der Trauerrede gilt es, zunächst zwischen der „echten" Trauerrede und der sogenannten Kondolenzrede, auch Grußwort oder Grabrede genannt, zu unterscheiden. Von einer Trauerrede spricht man in der Regel im Zusammenhang mit einer weltlichen Trauerfeier. Sie ersetzt dabei die Predigt beziehungsweise Ansprache, die der Geistliche bei einer kirchlichen Begräbnisfeier halten würde. Sie lässt das Leben des Verstorbenen noch einmal Revue passieren, würdigt seine Verdienste, versucht Trost zu spenden und bietet Sinn und Deutungsmöglichkeiten ohne religiösen Hintergrund. Die Trauerrede geht dabei wesentlich ausführlicher auf den Werdegang des Toten ein und dauert dementsprechend auch deutlich länger als ein Grußwort, das eine Art gesprochener Nachruf ist (siehe ab Seite 52). Da sie jedoch in den meisten Fällen von einem professionellen Redner gehalten wird, beschäftigt sich dieser Abschnitt vor allem mit der Kondolenzrede, mit der Sie als Freund, Sport-, Schul- oder Vereinskamerad beziehungsweise Vorgesetzter/Kollege nochmals mit ein paar persönlichen Worten Abschied von dem Verstorbenen nehmen können.

Einige Tipps vorab

- „Über die Toten nur Gutes" (siehe Seite 29) – das gilt auch und besonders für Kondolenzreden. War Ihr Verhältnis zum Toten vor allem durch Streit und gegenseitige Kränkungen geprägt oder mochten Sie sich schlicht nicht, dann halten Sie auch keine Rede für ihn – sofern Sie selbst am Grab keine versöhnlichen Worte finden.

- Informieren Sie die Hinterbliebenen und den Geistlichen, dass Sie eine Kondolenzrede halten möchten, und stimmen Sie sich mit ihnen ab, zum Beispiel ob es Dinge gibt, die nicht erwähnt werden sollen. Stimmen Sie sich gegebenenfalls auch mit den anderen Rednern ab, um Wiederholungen zu vermeiden.

- Erwähnen Sie in Ihrer Rede kurz – direkt oder indirekt –, wer Sie sind, sonst beschäftigen sich Ihre Zuhörer möglicherweise mehr mit der Frage, wer Sie sind, als mit dem, was Sie sagen. Dafür bietet sich sowohl die Einleitung („Die Freiwillige Feuerwehr Musterstadt hat nicht nur ein hoch geschätztes Mitglied verloren, wir haben auch einen Freund verloren – Christoph Mustermann ist tot …") als auch der Hauptteil an („Als sein Klassenlehrer lernte ich ihn als einen besonders aufgeweckten, fröhlichen Jungen kennen …").

- Sofern Sie mit den äußeren Gegebenheiten nicht ohnehin vertraut sind, schauen Sie sich den Friedhof im Vorfeld an, um einen ersten Eindruck zu bekommen (Wo befindet sich das Grab? Gibt es zum Beispiel rauschende Bäume, gegen die Sie „anreden" müssen? …).

- Halten Sie sich – auch mit Rücksicht auf die Hinterbliebenen – an den Grundsatz: Lieber kurz und würdevoll als langatmig und überfrachtet. Optimalerweise dauert Ihre Kondolenzrede zwei bis drei, maximal fünf Minuten.

Was eine gelungene Kondolenzrede auszeichnet I – Aufbau und Inhalt

Den meisten Menschen ist allein der Gedanke, vor Publikum eine Rede halten zu müssen, schon unangenehm – und dann auch noch eine Kondolenzrede, bei der einem nicht nur die eigenen Gefühle das Sprechen erschweren, sondern bei der man zudem den Schmerz der Angehörigen und Trauergäste unmittelbar vor Augen hat. Aber ob nun Verpflichtung durch ein Amt, das Sie innehaben, oder tief empfundenes Bedürfnis: Nehmen Sie diese Aufgabe unbedingt an, wenn Sie sich ihr auch nur im Entferntesten gewachsen fühlen. Denn die Gelegenheit, sich in dieser besonderen Form zu verabschieden, bekommen Sie kein zweites Mal.

Am besten gehen Sie die Sache systematisch an und gliedern Ihre Rede – genau wie das Kondolenzschreiben (siehe ab Seite 26) – in drei Teile:

■ Die Einleitung

Ganz am Anfang Ihrer Rede steht üblicherweise die Begrüßung der Trauergäste. Dabei werden die engsten Angehörigen zuerst angesprochen, dann die Familie und schließlich die weiteren Trauergäste:

- „Sehr geehrte(r) Frau Muster/Herr Muster" beziehungsweise „Liebe Claudia/Lieber Johannes" (je nachdem, wie eng Ihre persönliche Beziehung zu dem/der Hinterbliebenen ist)

- „Sehr geehrte/Liebe/Verehrte Familie Muster", „Sehr geehrte/Liebe Angehörige", „Sehr geehrte/Liebe/Verehrte Trauerfamilie", „Sehr geehrte/Liebe/Verehrte Familie und Freunde"

- „Sehr geehrte/Liebe/Verehrte/Werte Trauergäste/Trauergemeinde/Trauerversammlung/Trauernde"

Darüber hinaus können auch anwesende Ehrengäste beziehungsweise Würdenträger genannt werden. Da die Kondolenzrede aber ohnehin nur wenige Minuten dauert und im Mittelpunkt das Gedenken an den Verstorbenen stehen soll, empfiehlt es sich, eine endlose Aufzählung Einzelner zu vermeiden und lediglich die „Trauergemeinde" als Ganzes zu begrüßen (siehe dritter Aufzählungspunkt).

Im Anschluss an die Begrüßung folgt dann die eigentliche Einleitung. Das kann ein Ausdruck Ihrer Betroffenheit sein, eine (gemeinsame) Begebenheit, die Ihnen in Erinnerung geblieben ist, ein Sinnspruch, ein Zitat, eine Liedzeile oder ein typischer Ausspruch des Verstorbenen. Dieser Teil kann durchaus mehrere Sätze umfassen, die zur Würdigung, dem Hauptteil Ihrer Rede, überleiten.

Überlegen Sie: Welche Gefühle hat der Tod dieses Menschen bei Ihnen ausgelöst? Gibt es tief in Ihrem Inneren etwas, das Sie über den Verstorbenen sagen, das Sie ihn beziehungsweise die Trauernden wissen lassen wollen?

■ Der Hauptteil

Im Hauptteil geht es um das, was Sie am Verstorbenen besonders geschätzt haben, seine Vorzüge, Stärken und Leistungen. Werfen Sie einen Blick zurück auf das Leben des Toten. Würdigen Sie berufliche und menschliche Erfolge und führen Sie der Trauergemeinde noch einmal das Wesen des Verstorbenen vor Augen. Beschreiben Sie seine Persönlichkeit sowie die Charaktereigenschaften und (liebenswerten!) Eigenheiten, die ihn so einzigartig gemacht haben. Erzählen Sie, welche Bedeutung er für Sie hatte, und lassen Sie eventuell ein persönliches Erlebnis einfließen.

Ob man den Verstorbenen im Rahmen seiner Kondolenzrede persönlich ansprechen soll/darf, ist umstritten. Einige Autoren halten das für unangemessen, während ebenso viele die gegenteilige Meinung vertreten. **Hören Sie** in dieser Hinsicht also einfach **auf Ihr Bauchgefühl**. Spätestens wenn Sie sich Ihre Rede selbst laut vorlesen (siehe Seite 85), merken Sie, ob alles „rund" klingt.

Dabei können zum Beispiel folgende Formulierungen hilfreich sein:

- Ich kann mich noch genau erinnern, als Sabine …
- Ich werde niemals vergessen, wie Uwe …
- Für mich/uns war Friedrich immer …
- Niemand konnte so gut/schön/herzlich … wie Gerhard …
- Als Doris das erste Mal …
- Wenn Vera …, dann …
- Sein … wird mir immer ein Vorbild sein …
- Maria hat uns vorgelebt, wie man …
- Ich habe Oliver als … kennen und schätzen gelernt …
- Wie keine andere war Susanne …
- Ich denke immer wieder gern an … zurück …
- Sein … wird unvergessen bleiben …

Je individueller und konkreter Ihre Schilderungen ausfallen, desto authentischer und tröstlicher wirken sie. Vermeiden Sie jedoch Übertreibungen, Lobhudelei, Klischees und unangebrachte Verherrlichung. Zeichnen Sie ein realistisches – und damit glaubwürdiges – Bild des Verstorbenen. Dazu gehören gegebenenfalls auch Schwächen und Verfehlungen. Diese sollten jedoch nicht im Vordergrund und stets in einem angemessenen Verhältnis zu den Verdiensten des Toten stehen. War dieser zum Beispiel notorisch unpünktlich, lässt sich das an entsprechender Stelle problemlos auf charmante Art und Weise sowie mit einem „Augenzwinkern" einbauen („Wir haben wohl alle schon einmal auf Christian gewartet ..."). War er dagegen ein Mensch, der für seines Jähzorn bekannt und durchaus auch gefürchtet war, sollten Sie es – sofern Sie es überhaupt erwähnen wollen – bei einem diskreten „Er hat es den Menschen in seiner Umgebung nicht immer leicht gemacht ..." bewenden lassen. Denken Sie daran: Die Kondolenzrede ist ein wohlwollender letzter Gruß, keine Abrechnung.

■ Der Schluss

„Trauer, Trost und Hoffnung", so könnte man das Ende einer Kondolenzrede zusammenfassen. An dieser Stelle können Sie noch einmal Ihrer Trauer Ausdruck verleihen, dem Gefühl, etwas sehr Wertvolles verloren zu haben („Ich werde nie mehr ihr ansteckendes Lachen hören ...", „Sein kompetenter Rat wird uns fehlen ...", „Ohne ihn wird der Muster-Verein nicht mehr derselbe sein ..."), verbunden mit Worten des Trostes, des Mitgefühls und der Hoffnung.

Verweisen Sie zum Beispiel auf das, was bleibt, auf die Spuren, die der Verstorbene hinterlässt („Er war der Überzeugung, dass der Zweck eines Lebens erfüllt sei, wenn die Welt, die man verlässt, ein wenig besser ist als diejenige, die man bei seinem Lebensantritt vorgefunden hat. Diesen Zweck hat Jörg Muster mehr als erfüllt ...", „Ihr Wirken wird auch in Zukunft helfen, die Akzeptanz und Integration von Behinderten in unserer Gesellschaft zu stärken ...", „Ich danke Markus für eine große Freundschaft, die auch über seinen Tod hinaus fortbestehen wird ..."). Spenden Sie Trost ("Sie wird in unseren Gedanken stets bei uns sein ...", "Wir werden sein Werk in seinem Sinne weiterführen ...", "Unvergessen bleiben sein Humor, seine Großzügigkeit sowie sein vorbildliches Engagement ...") und/oder übermitteln Sie den nächsten Angehörigen Ihre guten Wünsche ("Wir wünschen dir, liebe Gundula, für diese schwere Zeit des Abschieds von ganzem Herzen die nötige Kraft ...", "Ich wünsche Ihnen, liebe Trauerfamilie, dass die Leere, die der Tod von Hannes hinterlassen hat, sich – getragen von der großen Anteilnahme – nach und nach wieder mit Hoffnung und Lebensmut füllt ..."). Auch hierbei können die Textbausteine von Seite 48 – 51 gute Dienste leisten.

Bei einer **religiösen Trauerfeier** können auch ein Bibelzitat oder Äußerungen zum gemeinsamen Glauben tröstlich sein ("Trost spendet in dieser schweren Stunde unser Glaube an die Auferstehung und das ewige Leben ...", "Im Vertrauen auf unseren gütigen Gott wissen wir Günther geborgen ...", "So spricht der Herr, der dich geschaffen hat: ‚Fürchte dich nicht, denn ich habe dich erlöst.' [Jes. 43,1]").

Was eine gelungene Kondolenzrede auszeichnet II – Ausarbeitung und Vortrag

Das Halten einer Kondolenzrede ist – besonders für ungeübte Redner – eine Herausforderung. Doch keine Sorge: Mithilfe der nachfolgenden Ratschläge, Tipps und Muster gelingt es Ihnen sicher, diese traurige, aber sehr ehrenvolle Aufgabe würdig zu meistern.

■ Die Ideensammlung

Zwar können wichtige Stationen im Leben des Verstorbenen (Hochzeit, Geburt eines Kindes, Beförderung, Auszeichnungen usw.) durchaus im Verlauf der Rede genannt werden, aber Sie sollten vermeiden, sich chronologisch von einem Lebensdatum zum anderen zu „hangeln". Eine gute Kondolenzrede ist vor allem eines: persönlich. Und sie räumt – bei allen Leistungen, Erfolgen und Verdiensten – der „menschlichen Seite" des Verstorbenen stets ausreichend Platz ein.

Daher sollten Sie sich, bevor Sie sich ans Ausformulieren machen, etwas Zeit nehmen und sich an einen Ort zurückziehen, an dem Sie ungestört über folgende Fragen nachdenken können:

- *Welche Besonderheiten hatte der Verstorbene (Charaktereigenschaften, Eigenheiten, ...)?*
- *Welche Vorzüge/Stärken beziehungsweise Schwächen hatte er (menschlich wie fachlich)?*
- *Wofür konnte er sich begeistern?*
- *Worüber hat er sich geärgert?*
- *Welchen Hobbys ist er nachgegangen?*
- *Hat er sich sozial engagiert?*
- *Was haben Sie gemeinsam unternommen/erlebt?*
- *Welche Gewohnheiten und Vorlieben hatte er?*
- *Was war typisch für ihn (Verhaltensweisen, Aussprüche, ...)?*
- *Was mochten Sie ganz persönlich an ihm?*
- *Was werden Sie am meisten vermissen?*
- *Was hat er in Ihren Augen Bemerkenswertes geleistet?*
- *Welche Erfolge hat er errungen?*
- *Hat er Auszeichnungen erhalten?*
- *Gibt es etwas, wofür Sie ihm besonders dankbar sind?*

Die Antworten – die Sie ebenso wie erste Formulierungen, die Ihnen gut gefallen, schriftlich festhalten – sollten Ihnen genügend Anknüpfungspunkte für Ihre Rede bieten. Alte Fotos und Filmaufnahmen können ebenfalls eine gute Inspirationsquelle sein. Auch sollten Sie sich nicht scheuen, Angehörige und Freunde zu befragen, insbesondere dann, wenn Sie den Verstorbenen persönlich nicht so gut kannten. Diese helfen Ihnen in der Regel gern, da es ihnen meist ohnehin ein Bedürfnis ist, über den Verstorbenen zu reden.

Danach wählen Sie die Aspekte aus, die Ihnen persönlich am wichtigsten sind, und ordnen sie so, dass sich ein roter Faden ergibt. Das ist das Grundgerüst für Ihre Rede, das es nun „auszuschmücken" gilt.

Aufgrund der begrenzten Redezeit können Sie nicht das gesamte Leben des Verstorbenen in all seinen Facetten würdigen. Daher ist es sinnvoll, einen **Schwerpunkt zu setzen**. Dieser könnte – je nachdem, in welcher „Funktion" Sie sprechen – sein: der Verstorbene als Arbeitskollege/Mitarbeiter, Freund, Vereinskamerad, Nachbar, Musikfreund, Familienmensch, ...

■ Die sprachliche Ausformulierung

Formulieren Sie Ihre Rede im Rahmen der Vorbereitung einmal komplett aus, egal ob Sie später frei sprechen wollen oder sich dafür entscheiden, vom Blatt abzulesen. Allerdings rate ich aufgrund der besonderen und sehr emotionalen Situation dringend zu Letzterem, sofern Sie nicht ein wirklich geübter Redner sind. Sie laufen sonst – von Ihren Gefühlen übermannt – leicht Gefahr, kaum einen Ton geschweige denn einen vernünftigen Satz herauszubringen. Die Rede abzulesen, mag vielleicht nicht ganz so souverän erscheinen, ist aber in diesem speziellen Fall mit Sicherheit die bessere Wahl. Besonders bewährt haben sich in diesem Zusammenhang Karteikarten, auf die Sie Ihre Rede (inklusive eventueller Zitate, Bibelverse, Gedichtstrophen usw.) notieren, oder Sie formatieren den Satzspiegel Ihres Textdokuments so, dass er nur zirka 10 cm breit ist (das lässt sich noch gut auf einen Blick erfassen) und drucken die Rede auf normalem DIN-A4-Papier aus. Verwenden Sie dazu eine gut lesbare sowie ausreichend große Schrift und lassen Sie in beiden Fällen genug Platz für Anmerkungen (siehe „Pausen und Betonungen").

Was die Sprache angeht, so sollte sie natürlich dem traurigen Ereignis angemessen sein. Das heißt aber nicht, wie viele Menschen irrtümlich glauben, dass Sie sich deswegen besonders gewählt und getragen ausdrücken müssen. Denn das geht meist daneben und klingt dann schwülstig, antiquiert und floskelhaft. Auch erwartet niemand von Ihnen eine philosophische Abhandlung. Sie können also getrost bei einer alltagsnahen Sprache bleiben. Das wirkt sehr viel authentischer und damit glaubhafter und anrührender.

Nichtsdestotrotz gibt es natürlich einige Punkte, die Sie bei der Formulierung Ihrer Rede berücksichtigen sollten. Achten Sie vor allem auf Verständlichkeit. Ersetzen Sie Fremdwörter durch eine deutsche Entsprechung und bilden Sie keine Schachtelsätze, sondern verwenden Sie kurze, treffende Sätze. So fällt es Ihren Zuhörern leichter, Ihrer Rede zu folgen (als Leser kann man einen Satz, den man nicht verstanden hat, gegebenenfalls mehrmals lesen, ein Zuhörer kann das nicht). Bemühen Sie sich zudem, Formulierungen zu finden, die das, was Sie der Trauergemeinde mitteilen wollen, am treffendsten ausdrücken (ein Synonym-Wörterbuch kann hier gute Dienste leisten). Setzen Sie Adjektive eher sparsam ein und vermeiden Sie Übertreibungen. Dass Sie keine Kraftausdrücke oder politisch unkorrekte Begriffe verwenden, versteht sich von selbst.

Doch nicht nur die geeignete Wortwahl und der richtige Satzbau machen eine gelungene Kondolenzrede aus, sondern auch die rhetorische Gestaltung. Versuchen Sie deshalb, an geeigneter Stelle mit einem Bild, einem Beispiel oder einem Vergleich zu arbeiten. Das veranschaulicht nicht nur das, was Sie sagen, sondern sorgt darüber hinaus für Abwechslung und lockert Ihre Rede etwas auf. Dieses Ziel – Abwechslung und Auflockerung – erreichen Sie auch, indem Sie hin und wieder einmal eine Frage oder einen Ausruf einstreuen. Ein weiteres beliebtes Stilmittel ist die Wiederholung. Sie bietet sich immer dann an, wenn Sie etwas betonen wollen. Sie können dazu den entsprechenden Schlüsselbegriff mehrmals im gleichen Satz verwenden („Glück, Glück war für Benjamin Muster, wenn er anderen helfen konnte ...") oder aber – leicht umformuliert – die komplette Aussage wiederholen. Doch Vorsicht: Setzen Sie rhetorische Stilmittel stets bewusst und wohldosiert ein, sonst erzielen Sie damit genau den gegenteiligen Effekt.

> Gehen Sie die fertige Rede mit etwas zeitlichem Abstand noch einmal durch und prüfen Sie – indem Sie sich den **Text laut vorlesen** –, ob alles „rund" klingt oder ob einige Sätze Ihnen eher schwer über die Lippen kommen. An diesen Stellen sollten Sie dann noch einmal feilen.

Tipps für den Vortrag

- **Pausen und Betonungen** Das laute Lesen Ihrer Rede hilft Ihnen nicht nur zu erkennen, ob alles gut zusammenpasst, sondern vermittelt Ihnen auch ein Gefühl für die richtige Betonung. Zudem merken Sie, an welchen Stellen eine Pause sinnvoll ist. Markieren Sie sich die entsprechenden Stellen in Ihrem Redemanuskript. Aber auch hier gilt: Weniger ist mehr. Zu viele Pausen oder eine übertriebene Betonung schmälern die Wirkung Ihrer Worte ebenso wie das monotone Ablesen ohne Punkt und Komma.

- **Sprechtempo und Aussprache:** Viele Menschen rasen vor Aufregung geradezu durch ihre Rede, um sie möglichst schnell hinter sich zu bringen. Achten Sie also auf Ihr Sprechtempo, vor allem wenn Sie – wie hier empfohlen – vom Blatt ablesen. Normalerweise haben Sie die richtige Geschwindigkeit gefunden, wenn Sie für Ihre Ohren etwas zu langsam klingen. Sprechen Sie klar, deutlich und ausreichend laut. Vermeiden Sie zu nuscheln und verschlucken Sie keine Silben.

- **Blickkontakt:** Treten Sie zu Beginn Ihrer Kondolenzrede nicht nur mit Worten, sondern auch mit Ihren Augen in Verbindung zu Ihren Zuhörern – und halten Sie diesen Kontakt, indem Sie hin und wieder von Ihrem Blatt aufsehen und Ihren Blick in ruhigem Wechsel mal auf den einen, mal auf den anderen Trauergast richten (ohne Einzelne dabei zu fixieren). Schauen Sie während Ihrer Rede nicht nur die Trauerfamilie oder Zuhörer in Ihrer unmittelbaren Nähe an, sondern „sprechen" Sie auch seitlich oder weiter hinten stehende Gäste an.

- **Haltung und Gestik:** Stehen Sie ruhig und aufrecht. Ihre Füße sollten dabei etwa schulterbreit voneinander entfernt sein, wobei die gesamte Fußsohle den Boden berührt. So haben

Sie einen sicheren Stand und guten Bodenkontakt. Indem Sie Ihr Gewicht minimal nach vorn verlagern, signalisieren Sie Ihren Zuhörern Verbundenheit. Aber wohin nur mit den Händen? Im Fall der Kondolenzrede halten Sie das Redemanuskript locker (nicht daran festklammern!) und unterstreichen wichtige Punkte gegebenenfalls mit natürlichen, nicht zu ausladenden Gesten. Achten Sie in diesem Zusammenhang auch auf Ihre Mimik. Blicken Sie trotz des traurigen Anlasses und der Anspannung nicht allzu finster und „verkniffen" drein.

- **Generalprobe:** Üben Sie Ihre Rede unbedingt einige Male vor der Beerdigung (eventuell vor einem Spiegel oder bitten Sie eine Person Ihres Vertrauens um ihre ehrliche Meinung). Das hilft Ihnen nicht nur, sich emotional auf Ihre Aufgabe einzustellen – wundern Sie sich nicht, wenn Ihnen die ersten Male die Tränen kommen –, sondern auch, sich den Text besser einzuprägen. Beides verleiht Ihnen zusätzliche Sicherheit. Zudem ist es eine hervorragende Möglichkeit, noch einmal die Länge Ihrer Rede zu überprüfen.

- **Lampenfieber:** Das sogenannte Lampenfieber, also das Nervenflattern unmittelbar vor Ihrem „Auftritt", ist vollkommen normal und in Maßen sogar hilfreich. Denn das ausgeschüttete Adrenalin macht Sie – auch geistig – fit für Höchstleistungen. Doch was tun, wenn das flaue Gefühl in der Magengegend übermächtig wird? Ganz wichtig ist die innere Einstellung: Sie sind gut vorbereitet, haben Ihre Rede mehrmals geprobt, und selbst wenn alles schiefgeht und Sie kein Wort herausbringen, kann Ihnen nichts Schlimmes passieren. Halten Sie sich das stets vor Augen. Darüber hinaus können Sie Ihre Nervosität kurz vor Ihrem „Auftritt" auch noch einmal mithilfe einer kleinen Atemübung eindämmen: Atmen Sie einige Male tief und ruhig in den Bauch. Konzentrieren Sie sich dabei ganz auf das Ein- und Ausatmen. Das wird Ihren Puls senken. Keine gute Idee ist hingegen, Ihr Lampenfieber mit Alkohol bekämpfen zu wollen, da dieser bekanntermaßen die Konzentrations- und Merkfähigkeit mindert.

Kleine Pannenhilfe

Sie haben das vielleicht schon einmal erlebt:

Alle lauschen gebannt Ihren Worten und dann passiert es – Sie wissen plötzlich nicht mehr weiter oder werden schlicht von Ihren Gefühlen übermannt. Sie schaffen es nicht, gegen die aufsteigenden Tränen anzukämpfen, und in Ihrem Hals bildet sich ein dicker Kloß.

Doch ein Grund zur Panik ist das nicht:

Sammeln Sie sich einen Moment, atmen Sie tief durch und husten Sie eventuell ein- oder zweimal. Dann werfen Sie einen Blick auf Ihr Manuskript, um sich zu orientieren, und setzen Ihre Rede einfach fort. Meist bedarf es hier noch nicht einmal einer kurzen Erklärung/Entschuldigung, da jeder der Trauergäste volles Verständnis für Ihren „Aussetzer" hat. Auch ein Versprecher sollte Sie nicht aus dem Konzept bringen. Ist allen klar, was Sie sagen wollten, übergehen Sie ihn einfach. Andernfalls korrigieren Sie sich und machen – ohne großes Aufheben – weiter. Ebenso verfahren Sie, wenn Sie aus Versehen etwas ausgelassen haben. War es wichtig, tragen Sie es an einer passenden Stelle nach, ansonsten gehen Sie stillschweigend darüber hinweg.

Und noch ein Tipp:

Prüfen Sie vor Verlassen des Hauses, ob Sie Ihr Redemanuskript tatsächlich eingesteckt haben. Trauen Sie sich selbst nicht über den Weg, geben Sie einem Freund oder einem guten Bekannten, der ebenfalls zur Trauerfeier kommt, im Vorfeld eine Abschrift mit der Bitte, diese mitzubringen.

Kondolenzrede für den Neffen, der bei einem Autounfall ums Leben gekommen ist

Liebe Trauergemeinde,

als Ingrid und Jürgen mich vor knapp 20 Jahren fragten, ob ich mir vorstellen könnte, Saschas Patin zu werden, habe ich keinen Moment gezögert. Voller Freude und Stolz habe ich die Aufgabe, diesen winzigen neuen Erdenbürger auf seinem Weg ins Leben zu begleiten, angenommen. Eine wunderbare Aufgabe, die mir viele Tage voller Glück beschert hat und der ich immer gern nachgekommen bin – bis heute. Denn heute gilt es, Sascha auf seinem letzten Weg zu begleiten und Abschied zu nehmen. Ein Autounfall hat ihn völlig unvermittelt aus unserer Mitte gerissen und diesem noch so jungen Leben ein jähes Ende bereitet.

Dabei stand er gerade kurz davor, sich seinen ganz großen Traum zu erfüllen – die Ausbildung zum Piloten. Denn wenn etwas seine Augen zum Leuchten bringen konnte, dann waren es Flugzeuge. Wie praktisch, dass ich viele Jahre ganz in der Nähe des Flughafens gewohnt habe. Und so hieß es bei jedem Besuch: „Tante Hedi, Tante Hedi, Flugzeuge schauen!" Unzählige Nachmittage haben wir auf der Aussichtsplattform verbracht und den Maschinen beim Starten und Landen zugeschaut. Besonders angetan hatten es ihm die großen Jumbojets, die er später unbedingt einmal selbst fliegen wollte. Und dieses Ziel verfolgte er mit großem Einsatz und großer Konsequenz.

Er legte ein Einser-Abi hin und bestand auch alle Einstellungstests mit Bravour. Kein Wunder, so akribisch wie er sich darauf

---

Für die folgenden **Musterreden** gilt genau wie für die Musterschreiben auf Seite 36 – 47: Egal ob einzelne Wörter, Sätze oder ganze Abschnitte, formulieren Sie um, tauschen Sie aus oder streichen Sie. Fügen Sie darüber hinaus nach Belieben eigene oder fremde Gedanken hinzu (siehe Kapitel 3), bis schließlich Ihre ganz persönliche Kondolenzrede entstanden ist.

vorbereitet hatte. Monatelang sah man ihn über Physik-
büchern brüten oder seine Koordinationsfähigkeit trainieren.
Wir durften uns sogar wochenlang nur auf Englisch mit ihm
unterhalten, weil er seine Sprachkenntnisse aufpolieren wollte. Doch bei allem Ehrgeiz und aller Zielstrebigkeit war Sascha
auch ein lebensfroher, lustiger junger Mann, der gern Comics
las, französische Filme liebte und mit seinen Freunden aus-
giebige Mountainbike-Touren unternahm.

Es tut so weh, sich vorzustellen, was er noch alles hätte er-
leben und erreichen können. Ob dieser Schmerz wohl jemals
aufhört? Ich weiß es nicht. Was ich jedoch sicher weiß, ist,
dass wir die Erinnerung an ihn für immer in unserem Herzen
bewahren werden.

Kondolenzrede für den Großvater, der im hohen Alter verstorben ist

Liebe Familie,
liebe Trauergäste,

Opa Heinz ist tot. Und obwohl er am Ende eines erfüllten und glücklichen Lebens friedlich eingeschlafen ist, versetzen mir diese Worte einen tiefen Stich. Denn er hinterlässt eine Lücke, die wir mit unseren Erinnerungen und Gedanken zwar füllen, aber niemals werden schließen können.
Er war die gute Seele der Familie, derjenige der immer zur Stelle war, wenn Not am Mann war, und derjenige, der für den Zusammenhalt gesorgt hat.
Mir als seiner einzigen Enkelin galt dabei immer sein besonderes Augenmerk. Nur zu gern erinnere ich mich an unsere gemeinsamen Spaziergänge, die vielen Partien Mensch-ärgere-dich-nicht, bei denen er sich insgeheim doch immer geärgert hat, und natürlich an die Schokolade, die er mir heimlich zugesteckt hat. Besonders geliebt aber habe ich es, wenn er mir vorgelesen hat. Dann saßen wir immer gemeinsam auf er alten Ledercouch und haben in unserer Fantasie viele spannende Abenteuer bestanden. Für diese unbeschwerten Stunden und das Gefühl absoluter Geborgenheit, das Opa Heinz mir immer vermittelt hat, bin ich ihm unendlich dankbar.
Aber auch was meinen beruflichen Werdegang angeht, schulde ich ihm Dank. Denn wer weiß, ob ich mich wirklich für das Ingenieursstudium angemeldet hätte, wenn er mich nicht immer wieder dazu ermutigt hätte. Ich sehe noch heute die verdutzten Gesichter meiner Eltern vor mir, als er mir damals zum Geburtstag meinen ersten Metallbaukasten geschenkt hat ...
Er war ein toller Opa, er fehlt mir sehr.

Kondolenzrede für eine gute Freundin, die an Krebs gestorben ist

Lieber Jürgen,
liebe Angehörige,
verehrte Trauergemeinde,

wie soll man die richtigen Worte finden, wenn einen die Trauer stumm macht, wenn man eigentlich nur noch weinen möchte? Es ist noch kein halbes Jahr her, da haben meine Freundin Sylvia und ich noch Pläne für unseren gemeinsamen Urlaub geschmiedet.

Doch dann kam etwas, das in unseren Planungen nicht vorgesehen war: der Krebs. Aber wer Sylvia kannte, weiß, dass sie so schnell nichts unterkriegen konnte. Tapfer nahm sie den Kampf gegen die heimtückische Krankheit auf, den sie nun – nach nur wenigen Monaten – verloren hat.

Noch immer denke ich, dass das alles nur ein schlimmer Alptraum ist, aus dem ich jeden Moment erwache, und dann ist alles wieder so, wie es bis vor Kurzem noch war. Und tatsächlich glaube ich bisweilen, dein unverkennbares Lachen zu hören und deine unbändige Lebensfreude zu spüren. Umso schlimmer ist die Erkenntnis, die mich nach und nach einholt: Es ist kein Traum, du bist tatsächlich fort. Wir, dein Mann, deine Familie und Freunde, vermissen dich unsagbar.

Und doch müssen wir bei aller Trauer dankbar sein – dafür, dass du nun keine Schmerzen mehr hast, die dir zuletzt jeden Atemzug zur Qual gemacht haben. Und wir müssen dankbar sein für die Zeit, die wir mit dir verbringen durften. Du hast unser Leben so sehr bereichert. Ruhe in Frieden.

Kondolenzrede für einen Jugendfreund

Liebe Clara, liebe Alexandra, lieber Jürgen,
liebe Freunde,
sehr geehrte Trauernde,

die Trauer und der Schmerz angesichts des Verlustes eines
lieben Freundes, der einen fast sein ganzes Leben begleitet
hat, rauben einem die Worte. Und doch ist es mir ein großes
Bedürfnis, meinen Freund Helmut, der letzte Woche gestorben ist, mit einigen Worten des Gedenkens und Dankes zu
würdigen.

Als wir uns damals in der Schule kennengelernt haben, konnten wir uns eigentlich nicht leiden. Doch sehr schnell wurden
aus den beiden Jungen, die man eigentlich als Strafe neben-
einandergesetzt hatte, Freunde fürs Leben.

Was für ein Gespann: Er, der draufgängerische Abenteurer, der
für jeden Unfug zu haben war, und ich, der eher Schüchterne,
dem die Ideen für Unfug nie ausgingen. Wie oft hat man uns
prophezeit, dass es mit uns einmal ein schlimmes Ende nehmen würde.

Aber das Gegenteil war der Fall. Wir machten beide das Abi-
tur und studierten gemeinsam Betriebswirtschaft. Und auch
hier ergänzten wir uns perfekt: Während er mir mit schier un-
endlicher Geduld die Geheimnisse der nationalen Ökonomie
nahebrachte, versuchte ich mein Bestes, ihm das System der
doppelten Buchführung begreiflich zu machen. Und genau
dieser Zusammenhalt, das Füreinander-da-Sein und das Wissen, dass wir einander blind vertrauen konnten, haben dafür
gesorgt, dass unsere Freundschaft auch dann weiter bestehen
blieb, als sich unsere Wege nach dem Studium trennten. Er
hatte einen tollen Job in einer großen Bank in Frankfurt bekommen, während es mich ins Ausland zog.

Doch wirklich trennen konnte uns diese räumliche Distanz
nie. Wir telefonierten jede Woche miteinander, schrieben
Briefe und E-Mails und trafen uns jedes Jahr in seiner Ferien-
wohnung in der Toskana, wo wir – begleitet von reichlich
gutem Wein und leckerer Pasta – unsere Freundschaft immer
wieder auffrischten.
Und heute stehen wir weinend an seinem Grab, um Abschied
zu nehmen von einem wundervollen Menschen, einem liebevollen Ehemann und Vater und einem teuren Freund. Er war
ein großes Geschenk für uns alle.

Kondolenzrede für einen Vereinskameraden

Liebe Michaela,
liebe Trauergäste,

es ist ein schmerzlicher Anlass, der uns heute hier zusammenführt, denn wir müssen Abschied nehmen von Markus Schlüter – einem unserer erfolgreichsten Mitglieder, der eine der treibenden Kräfte beim Aufbau unseres Radsportvereins Viktoria war.

Fast 30 Jahre stand er dem Verein, unter anderem als Vorsitzender, mit Rat und Tat zur Seite. Dabei scheute er vor keiner Aufgabe zurück: Mit viel diplomatischem Geschick und Beharrlichkeit gelang es ihm, uns Hallenkapazitäten zu beschaffen, sodass wir auch im Winter trainieren konnten. Er organisierte zahlreiche Straßenrennen und Radwandertouren und machte unseren Verein so weit über die Grenzen des Landkreises hinaus bekannt.

Aber auch nachdem er seine Ämter aus Altersgründen abgegeben hatte, brachte er noch viele wertvolle Ideen ein und war immer zur Stelle, wenn es etwas anzupacken gab. Was aber wohl das Wichtigste ist: Mit seiner Leidenschaft für den Radsport schaffte er es immer wieder, sowohl Jung als auch Alt für das Radfahren zu begeistern.

Wir verlieren mit Markus daher nicht nur einen Freund und Vereinskameraden, sondern auch ein Vorbild. Was von ihm bleibt, ist die Erinnerung an sein unermüdliches Engagement sowie seine Liebe zum Radsport, aber auch an seine Lebensfreude und seinen fast schon sprichwörtlichen Optimismus.

Wir sind froh, dass wir so viele Jahre mit Markus auf Tour gehen durften, und werden ihm ein treues Andenken bewahren.

Kondolenzrede für die Vorsitzende
des örtlichen Tierschutzvereins

Liebe Familie Meister,
werte Trauergemeinde,

dies ist ein Tag, wie er bitterer nicht sein könnte. Denn wir
nehmen Abschied von unserer Vereinsvorsitzenden Dorothee
Meister, die am Mittwoch überraschend verstorben ist. Sie
wurde nur 62 Jahre alt.

Um ihrer Leistung für den Tierschutzverein „Vier Pfoten"
gerecht zu werden, müssten hier eigentlich die vielen Hunde,
Katzen, Vögel, Schildkröten und Kaninchen zu Wort kommen,
die dank ihres unermüdlichen Einsatzes ein neues liebevolles Zuhause gefunden haben. Aber ihr Engagement für den
Tierschutz beschränkte sich nicht nur auf das örtliche Tier-
heim. Mit Vehemenz kämpfte unsere „Tiermama" Dorothee
auf Bundes- und Europaebene gegen Tiertransporte, Massen-
tierhaltung, Tierversuche, die Missstände in Schlachthöfen,
den Walfang und vieles mehr.

Sie war eben ein echter Tierfreund und darüber hinaus ein
sehr liebenswerter Mensch. Auch deshalb werden wir sie
so sehr vermissen: ihre mutige, zupackende Art, ihre Hilfsbereitschaft und ihre Fröhlichkeit, die sie trotz der vielen
schrecklichen Dinge, die sie ihm Rahmen ihrer Tätigkeit für
den Verein gesehen hat, nie verloren hat.

Wie schwer muss Dorothees Tod da erst für ihre Familie sein,
der unser ganzes Mitgefühl gilt. Mögen Ihnen die folgenden
Worte des Friedensnobelpreisträgers Albert Schweitzer in
dieser dunklen Zeit ein wenig Trost spenden:

„Was ein Mensch an Gutem in die Welt hinausgibt, geht
nicht verloren."

Wir werden Dorothees Wirken in ihrem Sinne weiterführen
und uns ihrer stets in Hochachtung und Dankbarkeit erinnern.

Kondolenzrede für einen Kollegen, der sich das Leben genommen hat

Sehr geehrte Frau Keller,
verehrte Trauergäste,

Bei einer **Selbsttötung** ist besonderes Fingerspitzengefühl gefragt, da sie bei den Hinterbliebenen oftmals nicht nur Trauer, sondern auch Selbstvorwürfe und/oder Wut auf den Verstorbenen auslöst. Treffen Sie also die Entscheidung, ob Sie in Ihrer Rede auf die Todesumstände eingehen, sehr bewusst – sofern nicht von Seiten der Angehörigen ohnehin darum gebeten wird, dies nicht zu tun, beziehungsweise ganz auf Ansprachen aus dem Freundes- und Kollegenkreis verzichtet wird.

fassungslos stehen wir heute am Grab unseres Kollegen Friedrich Keller, der gestorben ist, weil er keinen Weg mehr für sich sah, um weiterzuleben. Diese verzweifelte Entscheidung macht uns zutiefst betroffen und traurig.

Und natürlich fragen wir uns: Waren wir zu sorglos, weil wir dachten, Friedrich macht nur gerade eine schwierige Phase durch – das wird schon wieder? Waren wir zu zurückhaltend, weil wir nicht konsequenter nachgefragt haben, um nicht aufdringlich zu erscheinen? Hätten wir vielleicht nicht doch etwas tun können, um ihn von diesem Schritt abzubringen?

Wir wissen es nicht. Und so ist sein Tod uns eine Mahnung, in Zukunft noch aufmerksamer und manchmal eben auch weniger diskret zu sein – selbst wenn wir uns am Ende wieder unsere Macht- und Hilflosigkeit eingestehen müssen.

Für Friedrich aber können wir jetzt nur noch eines tun: seine Entscheidung akzeptieren und gemeinsam mit seiner Familie und seinen Freunden um ihn trauern.

Denn in den vier Jahren, in denen er in unserer Abteilung gearbeitet hat, haben wir sowohl den Kollegen als auch den Menschen Friedrich Keller sehr schätzen gelernt.

Seine fachliche Kompetenz, sein Verhandlungsgeschick und sein ausgeprägtes Talent im Umgang mit Menschen haben uns vom ersten Tag an beeindruckt, während ihn seine Freundlichkeit, seine Aufgeschlossenheit und seine Integrität zu einer menschlichen Bereicherung machten.

Wir alle werden Friedrich sehr vermissen. Seiner Frau und seiner Familie gilt unser tiefes Mitgefühl.

Die passenden Worte finden

Wortfeld „Sterben/Tod"

- abberufen werden
- abtreten
- aufhören zu leben
- aus dem Leben gehen/scheiden
- aus dem Leben/unserer Mitte gerissen werden
- den Tod finden
- der Lebenskreis hat sich geschlossen
- die Augen für immer schließen
- die letzte Reise/den letzten Weg antreten
- einer Krankheit/den Verletzungen erliegen
- entschlafen/entschlummern
- erlöst werden
- (ewigen) Frieden finden
- getötet werden
- heimgehen
- heimgerufen werden
- heimholen (Gott)
- hinübergehen
- nicht mehr (unter uns) sein
- (ewige) Ruhe finden
- sein Dasein/Leben vollenden
- sein Leben in Gottes Hand zurücklegen
- sein Leben verlieren
- tot sein
- umkommen
- uns verlassen
- (tödlich) verunglücken
- von uns gehen
- zu Ende gehen (Leben)
- zu sich nehmen (Gott)

- zu Tode kommen
- zum Opfer fallen
- zur ewigen Ruhe/zum ewigen Frieden eingehen

Wortfeld „Trauern"

- Abschied nehmen
- bedrückt sein
- beklagen (Verlust, Tod)
- betrauern
- (sehr, tief, zutiefst, …) betroffen sein
- (sehr, tief, zutiefst, …) betrübt sein
- (sehr, tief, zutiefst, …) bestürzt sein
- den Tod beklagen
- die Trauer teilen
- ein (schmerzlicher, großer, unwiederbringlicher) Verlust sein/einen Verlust darstellen
- (tief, zutiefst, …) erschüttert sein
- fassungslos sein
- in Trauer verbunden sein
- mitfühlen
- tieftraurig sein
- (große) Trauer empfinden
- trauern um
- (sehr, unendlich, …) traurig sein
- untröstlich sein
- verlieren (einen wertvollen/geliebten Menschen)
- (sehr, schmerzlich, …) vermissen
- (große) Wehmut empfinden
- weinen um/beweinen

Besinnliches und Tröstendes

Dichter und Denker, Philosophen und Theologen – im Laufe der Jahrhunderte haben sich viele kluge Köpfe Gedanken über den Tod gemacht. Aber auch die Heilige Schrift hält viele besinnliche Textstellen zu diesem Thema bereit. Warum also nicht ein treffendes Zitat, einen Bibel- beziehungsweise Sinnspruch oder ein Gedicht als Denkanstoß, zur Illustration oder als Worte des Trostes in Ihre Kondolenzrede oder Ihr Kondolenzschreiben einbauen? Die nachfolgende Sammlung hält eine Vielzahl von inspirierenden Vorschlägen bereit, aus denen Sie sich ganz nach Ihrem persönlichen Geschmack bedienen können. Aber vielleicht hat ja auch der Verstorbene selbst einen Ausspruch geprägt, den Sie in diesem Zusammenhang aufgreifen können ...

Das kleine Einmaleins des Zitierens

Ein gutes Zitat, egal ob als Einleitung, im Hauptteil oder als gelungener Abschluss, sichert Ihnen nicht nur die Aufmerksamkeit Ihrer Zuhörer bzw. der Leser, sondern bleibt auch in Erinnerung – und damit Ihre Rede bzw. Ihr Schreiben. Darüber hinaus kreieren Sie mithilfe eines treffenden Ausspruchs sehr leicht ein Bild, das bekanntermaßen mehr als 1000 Worte sagt und selbst komplexe Sachverhalte sowie große Gefühle in ein, zwei Sätzen perfekt auf den Punkt bringt.

Damit Ihr Zitat jedoch die gewünschte Wirkung erzielen kann und nicht zum Fauxpas wird, gilt es, einige grundsätzliche Regeln zu beachten:

- Setzen Sie Zitate ganz bewusst und eher sparsam ein, Sie gelten sonst schnell als „Sprücheklopfer".

- Schmücken Sie sich nicht mit fremden Federn, sondern nennen Sie immer auch den entsprechenden Zitatgeber („In der Bibel/Bei XX heißt es dazu ...", „XX sagte zu diesem Thema ...", „Und auch ich glaube an die Worte von XX: ...").

- Ein Zitat sollte immer mit dem Original übereinstimmen, selbst wenn Ihnen die Sprache antiquiert erscheint. Nehmen Sie auch keine sinnentstellenden Auslassungen oder Kürzungen vor, auch dann nicht, wenn das Zitat so besser in Ihre Rede passt.

- Am besten wirken Zitate, wenn Sie diese in Ihre Rede/ Ihr Schreiben „einbauen". Das heißt, dass Sie Schlüsselbegriffe oder den Grundgedanken im Verlauf Ihrer Rede/ Ihres Schreibens wieder aufgreifen beziehungsweise darauf Bezug nehmen.

- Achten Sie darauf, dass das von Ihnen ausgewählte Zitat nur die von Ihnen gewünschte Deutung zulässt und keine weiteren, vielleicht missverständlichen. Auch empfiehlt es sich, einen näheren Blick auf den Zitatgeber zu werfen. Dieser sollte keine grundsätzlich anderen Werte und Einstellungen vertreten als der Verstorbene zu seinen Lebzeiten beziehungsweise der Hinterbliebene. So werden Sie zum Beispiel bei einem christlichen Begräbnis nicht unbedingt mit einem Zitat punkten können, das von einem bekennenden Kirchengegner stammt – selbst wenn es in dieser Hinsicht völlig unverfänglich ist.

Zitate, Sinnsprüche und Gedichte

Nur durch die Liebe und den Tod
berührt der Mensch das Unendliche.

*Alexandre Dumas, französischer Schriftsteller
(1802–1870)*

⚬ঙ ঙ⚬

Ein guter, edler Mensch, der mit uns
gelebt, kann uns nicht genommen
werden; er lässt eine leuchtende
Spur zurück.

*Thomas Carlyle, schottischer Schriftsteller
(1795–1881)*

⚬ঙ ঙ⚬

Ein Licht ist ausgegangen, aber es ist
nicht erloschen. Denn tot ist nur, wer
vergessen wird.

*Ernest Hemingway, amerikanischer Schriftsteller
(1899–1961)*

⚬ঙ ঙ⚬

Einschlafen dürfen, wenn man müde
ist, und eine Last fallen lassen dürfen,
die man sehr lange getragen hat, das
ist eine köstliche, eine wunderbare
Sache.

*Hermann Hesse, deutscher Schriftsteller
(1877–1962)*

⚬ঙ ঙ⚬

Trennung ist wohl Tod zu nennen,
denn wer weiß, wohin wir gehen,
Tod ist nur ein kurzes Trennen
auf ein baldig Wiedersehn.

*Joseph Freiherr von Eichendorff, deutscher Lyriker
(1788–1857)*

Ich bin von euch gegangen, nur für
einen kurzen Augenblick und gar
nicht weit. Wenn ihr dahin kommt,
wohin ich gegangen bin, werdet ihr
euch fragen, warum ihr geweint habt.

Lao-Tse, chinesischer Philosoph (um 600 v. Chr.)

⚬ঙ ঙ⚬

Das Leben eines Menschen ist ein von
Gotteshand geschriebenes Märchen.

*Hans Christian Andersen, dänischer Schriftsteller
(1805–1875)*

⚬ঙ ঙ⚬

Für den Dahingeschiedenen bedeutet
der Tod Frieden, die Gewissheit ewiger Glückseligkeit, unwandelbarer
Geborgenheit.

*Charles de Foucauld, französischer Einsiedler
(1858–1916)*

⚬ঙ ঙ⚬

Wir sollten nicht trauern, dass wir die
Toten verloren haben, sondern dankbar sein, dass wir sie gehabt haben,
ja auch jetzt noch besitzen: Denn
wer heimkehrt zum Herrn, bleibt in
der Gemeinschaft der Gottesfamilie
und ist nur vorausgegangen.

*Hieronymus, christlicher Theologe und Heiliger
(347–420 n. Chr.)*

Unsere Toten leben fort in den süßen Flüssen der Erde, sie kehren zurück in den leisen Schritten des Frühlings, und es ist ihre Seele, die im Wind kommt und die Oberfläche der Seen kräuselt.

Seattle, Häuptling der amerikanischen Suquamish- und Duwamish-Indianer (1786 – 1866)

Alles, was schön ist, bleibt auch schön, selbst wenn es welkt. Und unsere Liebe bleibt Liebe, auch wenn wir sterben.

Maxim Gorki, russischer Schriftsteller (1868 – 1936)

Die Toten sind nicht tot, sie sind nur nicht mehr sichtbar. Sie schauen mit Augen voller Licht in unsere Augen voller Trauer.

Aurelius Augustinus, römischer Philosoph, Kirchenlehrer und Heiliger (354 – 430 n. Chr.)

Der Tod ist der Preis, ohne den es ein höheres Leben nicht geben kann.

Hoimar von Ditfurth, deutscher Publizist (1921 – 1998)

Du siehst die leuchtende Stern- schnuppe nur dann, wenn sie vergeht.

Christian Friedrich Hebbel, deutscher Dramatiker (1813 – 1863)

Ich bin nicht tot,
ich tausche nur die Räume,
ich leb in euch
und geh durch eure Träume.

Michelangelo Buonarroti, italienischer Dichter,
Bildhauer und Maler (1475 – 1564)

∂ℓℓ ℊℓℯ

Eines Morgens wachst du nicht
mehr auf.
Die Vögel aber singen, wie sie
gestern sangen.
Nichts ändert diesen neuen
Tagesablauf.
Nur du bist fortgegangen.
Du bist nun frei und unsere Tränen
wünschen dir Glück.

Johann Wolfgang von Goethe, deutscher Dichter
(1749 – 1832)

∂ℓℓ ℊℓℯ

Niemand ist fort, den man liebt.
Liebe ist ewige Gegenwart.

Stefan Zweig, österreichischer Schriftsteller
(1888 – 1942)

∂ℓℓ ℊℓℯ

Der Tod bedeutet die Tilgung jeglichen Schmerzes, und er ist die Gren-
ze, über die unsere Leiden nicht
hinausgelangen; er gibt uns wieder
jenen Zustand der Ruhe zurück, dem
wir vor unserer Geburt angehörten.

Seneca, römischer Philosoph und Staatsmann
(4 v. Chr. – 65 n. Chr.)

Ich glaube, dass, wenn der Tod
unsere Augen schließt, wir in einem
Licht stehen, von welchem unser
Sonnenlicht nur der Schatten ist.

Arthur Schopenhauer, deutscher Autor und
Philosoph (1788 – 1860)

∂ℓℓ ℊℓℯ

Schöne Tage – nicht weinen,
dass sie vergangen, sondern lächeln,
dass sie gewesen.

Rabindranath Tagore, indischer Dichter und
Philosoph (1861 – 1941)

∂ℓℓ ℊℓℯ

Du bist ein Schatten am Tage
und in der Nacht ein Licht;
du lebst in meiner Klage
und stirbst im Herzen nicht.

Friedrich Rückert, deutscher Dichter
(1788 – 1866)

∂ℓℓ ℊℓℯ

Man lebt zwei Mal:
das erste Mal in der Wirklichkeit,
das zweite Mal in der Erinnerung.

Honoré de Balzac, französischer Schriftsteller
(1799 – 1850)

∂ℓℓ ℊℓℯ

Alle weltlichen Dinge sind nur ein
Traum im Frühling. Betrachte den
Tod als Heimkehr.

Konfuzius, chinesischer Philosoph
(551 – 479 v. Chr.)

Das einzig Wichtige im Leben sind die Spuren der Liebe, die wir hinterlassen, wenn wir ungefragt weggehen und Abschied nehmen müssen.

Albert Schweitzer, deutscher Arzt und Nobelpreisträger (1875 – 1965)

৵৶ৡৡ৶৶

Du kamst, du gingst mit leiser Spur,
ein flücht'ger Gast im Erdenland.
Woher? Wohin? Wir wissen nur:
Aus Gottes Hand in Gottes Hand.

Johann Ludwig Uhland, deutscher Schriftsteller (1787–1862)

৵৶ৡৡ৶৶

Wenn du nach deinem Tod nicht vergessen sein willst, dann schreibe Dinge, die es wert sind, gelesen zu werden, oder tue Dinge, die es wert sind, beschrieben zu werden.

Benjamin Franklin, amerikanischer Naturwissenschaftler und Politiker (1706 – 1790)

৵৶ৡৡ৶৶

Der Tod ist das Tor zum Licht am Ende eines mühsam gewordenen Lebens.

Franz von Assisi, italienischer Ordensstifter (um 1181 – 1226)

Es ist besser, etwas gehabt und wieder verloren zu haben, als nie gehabt zu haben.

Walisisches Sprichwort

৵৶ৡৡ৶৶

Die sich hier liebten, werden sich drüben noch weit inniger lieben und ohne irgendeine Spur von Furcht, noch einmal getrennt zu werden, einander unendlich liebenswert bleiben.

Aurelius Augustinus, römischer Philosoph, Kirchenlehrer und Heiliger (354 – 430 n. Chr.)

৵৶ৡৡ৶৶

Die Sonne scheint für dich – deinetwegen –, und wenn sie müde wird, beginnt der Mond, und dann werden die Sterne angezündet.

Sören Kierkegaard, dänischer Philosoph (1813 – 1855)

৵৶ৡৡ৶৶

Das Leben ist kurz, aber doch von unendlichem Wert, denn es birgt den Keim der Ewigkeit in sich.

Franz von Sales, französischer Geistlicher (1567 – 1622)

৵৶ৡৡ৶৶

Wenn wir aus dieser Welt
durch Sterben uns begeben,
so lassen wir den Ort,
wir lassen nicht das Leben.

Friedrich von Logau, deutscher Dichter (1605 – 1655)

Was man tief in seinem Herzen be-
sitzt, kann man nicht durch den Tod
verlieren.

Johann Wolfgang von Goethe, deutscher Dichter
(1749–1832)

⊱⊰

Ein glückseliges Leben ist der Genuss
der Gegenwart; das ewige Leben ist
die Hoffnung der Zukunft.

Ambrosius, römischer Politiker und Kirchenlehrer
(339–397 n. Chr.)

Lass mich schlafen,
bedecke nicht meine Brust mit
Weinen und Seufzen,
sprich nicht voller Kummer von
meinem Weggehen,
sondern schließe deine Augen,
und du wirst mich unter euch sehen,
jetzt und immer.

Khalil Gibran, christlich-libanesischer Schriftsteller
und Maler (1883–1931)

⊱⊰

Der Tod ist nicht der Untergang,
der alles aufhebt und zerstört,
sondern eine Wanderung und der
Beginn eines anderen Lebens,
welches ein Ende nicht hat.

Marcus Tullius Cicero, römischer Redner
und Schriftsteller (um 106–43 v. Chr.)

Da ist ein Land der Lebenden und ein Land der Toten, und die Brücke zwischen ihnen ist die Liebe – das einzig Bleibende, der einzige Sinn.

Thornton Wilder, amerikanischer Erzähler und Dramatiker (1897–1975)

๛

Nie erfahren wir unser Leben stärker als in großer Liebe und in tiefer Trauer.

Rainer Maria Rilke, Lyriker deutscher Sprache (1875–1926)

๛

Du bist nicht tot, sondern nur untergegangen wie die Sonne. Wir trauern nicht über einen, der gestorben ist, sondern wie über einen, der sich vor uns verborgen hält. Nicht unter den Toten suchen wir dich, sondern unter den Seligen des Himmels.

Theodoret von Kyros, Kirchenvater der antiochenischen Schule (393–458 n. Chr.)

๛

Die Seele wäre ohne Regenbogen, hätten die Augen keine Tränen.

John Vance Cheney, amerikanischer Dichter (1848–1922)

๛

Glücklich, glücklich nenn ich den, dem des Daseins letzte Stunde schlägt in seiner Kinder Mitte! Solches Scheiden heißt nicht Sterben.

Franz Grillparzer, österreichischer Schriftsteller (1791–1872)

Begrabe deine Toten tief in dein Herz hinein, so werden sie in deinem Leben lebendige Tote sein.

Klosterkirche Seeon/Chiemgau

৵৶ ৶৵

Mag sein Lebensalter unvollendet geblieben sein, sein Leben ist vollendet.

Seneca, römischer Philosoph und Staatsmann (4 v. Chr. – 65 n. Chr.)

৵৶ ৶৵

Meistens belehrt erst der Verlust über den Wert der Dinge.

Arthur Schopenhauer, deutscher Autor und Philosoph (1788 – 1860)

৵৶ ৶৵

Allein zu sein!
Drei Worte, leicht zu sagen,
und doch so schwer,
so endlos schwer zu ertragen.

Adalbert von Chamisso, deutscher Dichter (1781 – 1838)

৵৶ ৶৵

Aus Gottes Hand empfing ich mein Leben,
unter Gottes Hand gestaltete ich mein Leben,
in Gottes Hand gebe ich es zurück.

Aurelius Augustinus, römischer Philosoph, Kirchenlehrer und Heiliger (354 – 430 n. Chr.)

৵৶ ৶৵

Das, was wir Tod nennen, ist in Wahrheit der Anfang des Lebens.

Thomas Carlyle, schottischer Schriftsteller (1795 – 1881)

Weinet nicht, wenn das Trefflichste verblüht,
bald wird es sich verjüngen!
Trauert nicht, wenn eines Herzens Melodie verstummt,
bald findet eine Hand sich, wieder es zu stimmen.

Johann Christian Friedrich Hölderlin, deutscher Schriftsteller (1770 – 1843)

৵৶ ৶৵

So ist es auf Erden: Jede Seele wird geprüft, und wird auch getröstet.

Fjodor Dostojewski, russischer Schriftsteller (1821 – 1881)

৵৶ ৶৵

Unser Leben führt uns mit raschen Schritten von der Geburt bis zum Tode. In dieser kurzen Zeitspanne ist es die Bestimmung des Menschen, für das Wohl der Gemeinschaft, deren Mitglied er ist, zu arbeiten.

Friedrich der Große, König von Preußen (1712 – 1786)

৵৶ ৶৵

Von dir kommt alles,
in dir lebt alles,
in dich kehrt alles zurück.

Marc Aurel, römischer Kaiser (121 – 180 n. Chr.)

৵৶ ৶৵

Ich werde die wiedersehen, die ich auf Erden geliebt habe, und jene erwarten, die mich lieben.

Antoine de Saint-Exupéry, französischer Schriftsteller (1900 – 1944)

Steht nicht an meinem Grab
und weint, ich bin nicht da,
nein, ich schlafe nicht.

Ich bin eine der tausend
wogenden Wellen des Sees,
ich bin das diamantene Glitzern
des Schnees,
wenn ihr erwacht in der Stille
am Morgen,
dann bin ich für euch verborgen,
ich bin ein Vogel im Flug,
leise wie ein Luftzug,
ich bin das sanfte Licht der Sterne
in der Nacht.

Steht nicht an meinem Grab
und weint, ich bin nicht da,
nein, ich schlafe nicht.

Gedicht der Lakota-Indianer

ఄౢ౿

Wenn durch einen Menschen ein
wenig mehr Liebe und Güte, ein
wenig mehr Licht und Wahrheit
in der Welt war, dann hat sein
Leben einen Sinn gehabt. So will
ich warten auf das neue Leben und
ohne Angst und Verzagen verblüh'n.

*Marie von Ebner-Eschenbach, österreichische
Schriftstellerin (1830–1916)*

ఄౢ౿

Das Leben ist nur ein Moment,
der Tod ist auch nur einer.

*Friedrich von Schiller, deutscher Dichter
(1759–1805)*

Was ein Mensch an Gutem in die
Welt hinausgibt, geht nicht verloren.

*Albert Schweitzer, deutscher Arzt und
Nobelpreisträger (1875–1965)*

ఄౢ౿

Was wir bergen in den Särgen
ist das Erdenkleid.
Was wir lieben, ist geblieben,
bleibt in Ewigkeit.

*Johann Wolfgang von Goethe, deutscher Dichter
(1749–1832)*

ఄౢ౿

Zur Vollendung des Menschen gehört
auch der Tod; denn auch er gehört
zur Bestimmung, das heißt zur Natur
des Menschen.

*Ludwig Feuerbach, deutscher Philosoph
(1804–1872)*

ఄౢ౿

Sterben ist das Auslöschen der Lampe
im Morgenlicht, nicht das Auslöschen
der Sonne.

*Rabindranath Tagore, indischer Dichter und
Philosoph (1861–1941)*

ఄౢ౿

Wir kommen und gehen: jeder Augenblick bringt Tausende her und nimmt
Tausende weg von der Erde; sie ist
eine Herberge für Wanderer.

*Johann Gottfried Herder, deutscher Dichter und
Theologe (1744–1803)*

Die Dahingegangenen bleiben mit dem Wesentlichen, womit sie auf uns gewirkt haben, mit uns lebendig, solange wir selber leben.

Hermann Hesse, deutscher Schriftsteller (1877 – 1962)

❧❧

Das Licht helfe dir, Kurs zu halten auf deiner Reise. Der Wind stärke dir den Rücken. Der Sonnenschein wärme dein Gesicht und der Regen falle sanft auf deine Haare. Bis wir uns wiedersehen, halte Gott dich geborgen in seiner schützenden Hand.

Irischer Segen

Wer einen Fluss überquert, muss die eine Seite verlassen.

Mahatma Ghandi, indischer Rechtsanwalt und Führer der indischen Unabhängigkeitsbewegung (1869 – 1948)

❧❧

Der Tod ist eine Selbstbesiegung, die, wie alle Selbstüberwindung, eine neue, leichtere Existenz schafft.

Novalis, deutscher Schriftsteller (1772 – 1801)

❧❧

Die Summe unseres Lebens sind die Stunden, in denen wir liebten.

Wilhelm Busch, deutscher Dichter (1832 – 1908)

Niemand kennt den Tod, es weiß auch keiner, ob er nicht das größte Geschenk für den Menschen ist. Dennoch wird er gefürchtet, als wäre gewiss, dass er das schlimmste aller Übel sei.

Sokrates, griechischer Philosoph (469 – 399 v. Chr.)

ఴఴ

Wie groß ein Baum war, lässt sich erst messen, wenn er gefällt ist.

Indisches Sprichwort

ఴఴ

Der Tod ist kein Abschnitt des Daseins, sondern nur ein Zwischenergebnis, ein Übergang aus einer Form des endlichen Wesens in eine andere.

Karl Wilhelm Freiherr von Humboldt, deutscher Naturforscher (1769 – 1859)

ఴఴ

Und meine Seele spannte
weit ihre Flügel aus.
Flog durch die stillen Lande,
als flöge sie nach Haus.

Joseph Freiherr von Eichendorff, deutscher Lyriker (1788 – 1857)

ఴఴ

Leben und Tod sind eins.
Leben heißt sterben.
Sterben heißt weiterleben.

Khalil Gibran, christlich-libanesischer Schriftsteller und Maler (1883 – 1931)

Wer sich auf dem Meer befindet, braucht nichts zu fürchten, wenn der ihm zur Seite steht, der den Winden zu gebieten vermag.

Brigitta von Schweden, Gründerin des Erlöserordens und katholische Heilige (1303 – 1373)

ఴఴ

Den Tod fürchten die am wenigsten, deren Leben am meisten wert ist.

Immanuel Kant, deutscher Philosoph (1724 – 1804)

ఴఴ

Für mich ist die größte Entfaltung menschlichen Lebens, in Frieden und Würde zu sterben, denn das ist die Ewigkeit.

Mutter Teresa, Ordensschwester und Nobelpreisträgerin (1910 – 1997)

ఴఴ

Das schönste Denkmal, das ein Mensch bekommen kann, steht in den Herzen der Mitmenschen.

Albert Schweitzer, deutscher Arzt und Nobelpreisträger (1875 – 1965)

ఴఴ

Unser Leben ist der Fluss, der sich ins Meer ergießt, das Sterben heißt.

Federico García Lorca, spanischer Dichter (1898 – 1936)

ఴఴ

Der Adler besucht die Erde, doch säumt nicht, schüttelt vom Flügel den Staub und kehrt zur Sonne zurück.

Matthias Claudius, deutscher Dichter (1740 – 1815)

Das Leben wird nach Jahren
gemessen und nach Taten gezählt.

Lao-Tse, chinesischer Philosoph (um 600 v. Chr.)

৩৩ ৯৯

Aufgelöst und gestillt wird
durch Tränen der Schmerz.

Ovid, römischer Dichter (43 v. Chr.–17 n. Chr.)

৩৩ ৯৯

Des Menschen Seele gleicht dem
Wasser. Vom Himmel kommt es.
Zum Himmel steigt es.
Und wieder zur Erde muss es.
Ewig wechselnd.

*Johann Wolfgang von Goethe, deutscher Dichter
(1749–1832)*

৩৩ ৯৯

Wie ein gut verbrachter Tag einen
glücklichen Schlaf beschert, so beschert ein gut verbrachtes Leben
einen glücklichen Tod.

*Leonardo da Vinci, italienisches Universalgenie
(1452–1519)*

৩৩ ৯৯

Sehne dich nach ihm wie nach einem
Abwesenden, nicht wie nach einem
Toten, sodass man glaubt, du habest
ihn nicht verloren, sondern wartest
auf seine Rückkehr.

*Hieronymus, christlicher Theologe und Heiliger
(347–420 n. Chr.)*

Lass vergehen, was vergeht!
Es vergeht, um wiederzukehren,
es altert, um sich zu verjüngen,
es trennt sich, um sich inniger
zu vereinen,
es stirbt, um lebendiger zu werden.

*Johann Christian Friedrich Hölderlin, deutscher
Schriftsteller (1770–1843)*

৩৩ ৯৯

Wir sind vom gleichen Stoff, aus dem
die Träume sind, und unser kurzes
Leben ist eingebettet in einen langen
Schlaf.

*William Shakespeare, englischer Dichter
(1564–1616)*

৩৩ ৯৯

Ich kam an deine Küste als Fremdling,
ich wohnte in deinem Haus als Gast,
ich verlasse deine Schwelle als ein
Freund, meine Erde.

*Rabindranath Tagore, indischer Dichter und
Philosoph (1861–1941)*

৩৩ ৯৯

Mögest du auf deinem Weg Freunde
finden, die Führung der Engel und das
Geleit der Heiligen.

Irischer Segenswunsch

৩৩ ৯৯

Glücklich ist der Mann, der den Hafen
erreicht hat und hinter sich ließ das
Meer und die Stürme ...

*Heinrich Heine, deutscher Dichter
(1797–1856)*

Die Liebe ist stärker als der Tod und die Schrecken des Todes. Allein die Liebe erhält und bewegt unser Leben.

Iwan Turgenjew, russischer Schriftsteller (1818–1883)

Siehe nun, ich komme zum Land meines Ursprungs und gelange an den Ort, wo ich von nun an ewig weilen werde.

Aus dem ägyptischen Totenbuch

Es gibt Menschen, die wir in der Erde begraben, aber andere, die wir besonders zärtlich liebten, sind in unser Herz gebettet. Die Erinnerung an sie mischt sich täglich in unser Tun und Trachten. Wir denken an sie, wie wir atmen, sie haben in unserer Seele eine neue Gestalt angenommen, nach dem zarten Gesetz der Seelenwanderung, das im Reich der Toten herrscht.

Honoré de Balzac, französischer Schriftsteller (1799–1850)

Traurig sein ist etwas Natürliches. Vielleicht ein Atemholen zur Freude.

Paula Modersohn-Becker, deutsche Malerin (1876–1907)

Die größten Menschen sind jene, die anderen Hoffnung geben können.

Jean Jaurès, französischer Philosoph (1859–1914)

Geliebt, wenn mein Geist geschieden,
so weint mir keine Träne nach;
denn wo ich weile, da ist Frieden,
dort leuchtet mir ein ew'ger Tag!

Annette von Droste-Hülshoff,
deutsche Schriftstellerin (1797–1848)

ೋಲ ೪೩ೲ

Ich höre auf zu leben,
aber ich habe gelebt.

Johann Wolfgang von Goethe, deutscher Dichter
(1749–1832)

ೋಲ ೪೩ೲ

Entreiß dich, Seele, nun der Zeit.
Entreiß dich deinen Sorgen.
Und mache dich zum Flug bereit
in den ersehnten Morgen.

Hermann Hesse, deutscher Schriftsteller
(1877–1962)

ೋಲ ೪೩ೲ

Das Leben ist eine Reise mit einem
Anfang und einem Ende.

Hussein II., jordanischer König (1935–1999)

ೋಲ ೪೩ೲ

Das Leben ist eine Flamme, die sich
selbst verzehrt; aber sie fängt jedes
Mal wieder Feuer, wenn ein Kind
geboren wird.

George Bernard Shaw, irischer Dramatiker
(1856–1950)

Es gibt für uns alle
eine Zeit des Lebens,
des Lachens und der Freude.
Zum Leben gehört aber auch
die Zeit des Schmerzes,
der Tränen und der Trauer.
Die Liebe besiegt alles.

Vergil, römischer Dichter (70–19 v. Chr.)

ೋಲ ೪೩ೲ

Warum muss mein Herz trauern
und zerrissen werden von dem,
was meinen Verstand so vollkommen beruhigt?

Johann Gottlieb Fichte, deutscher Theologe und
Philosoph (1762–1814)

ೋಲ ೪೩ೲ

Der Gedanke an die Unsterblichkeit
ist ein leuchtendes Meer, wo der, der
sich darin badet, von lauter Sternen
umgeben ist.

Jean Paul, deutscher Dichter (1763–1825)

ೋಲ ೪೩ೲ

Ihr, die ihr mich so geliebt habt, seht
nicht auf das Leben, das ich beendet
habe, sondern auf das, welches ich
beginne.

Aurelius Augustinus, römischer Philosoph,
Kirchenlehrer und Heiliger (354–430 n. Chr.)

Den Ort, wo sich die geliebten Toten
befinden, weiß ich nicht; den, wo
sie sich nicht befinden, weiß ich:
das Grab.

Christian Friedrich Hebbel, deutscher Dramatiker
(1813–1863)

۞

Nenne mich erfüllte Sehnsucht,
nenne mich Ruf deiner Liebe,
nenne mich die Abendfeier vor der
Ruhe der Nacht. Nenne mich das
stille Erbleichen der Sterne,
eh' hervortritt ein schönerer Tag:
Menschen nennen mich der Tod.

Otto Ludwig, deutscher Erzähler und Dramatiker
(1813–1865)

۞

Mit jedem Menschen stirbt eine Welt.

Gerhart Hauptmann, deutscher Schriftsteller
(1862–1946)

۞

So wandle denn in diesen höheren
Räumen die neue Bahn, welche sich
vor deinem verklärten Blick öffnete,
und stille den heißen Durst deines
Wissens in dem näheren Anschau'n
der Herrlichkeit der Welten, die dich
jetzt umleuchten.

Johann Friedrich Röhr, deutscher Theologe
(1777–1848)

Der Tod ist nur ein gewaltiger Akt
des Lebens, denn er gebiert ein
höheres Leben.

Pierre Victorin Vergniaud, französischer Volks-
vertreter (1759–1793)

۞

Der Tod der Seele ist die Vernichtung
des Lebens; aber der Tod des Lebens
ist die Erlösung der Seele.

Abu'l Madschd Madschdud Sana'i, persischer
Dichter (1080–1131)

۞

Die Liebe hemmt nichts; sie kennt
nicht Tür noch Riegel,
und dringt durch alles sich;
sie ist ohne Anbeginn, schlug ewig
ihre Flügel.
Und schlägt sie ewiglich.

Matthias Claudius, deutscher Dichter (1740–1815)

۞

Ängstigt euch nicht vor dem Tod,
denn seine Bitterkeit liegt in der
Furcht vor ihm.

Sokrates, griechischer Philosoph (469–399 v. Chr.)

Nehmt die äußere Hülle weg, und es ist kein Tod in der Schöpfung; jede Zerstörung ist Übergang zum höheren Leben.

Johann Gottfried Herder, deutscher Dichter und Theologe (1744 – 1803)

⊷⊰ ℘ ⊱⊶

Nicht der Tod kommt mich holen, sondern der liebe Gott.

Thérèse von Lisieux, französische Karmelitin (1873 – 1897)

⊷⊰ ℘ ⊱⊶

Groß ist die Mühe, den Himmel zu ersteigen, doch für die Seele ist es eine Heimkehr.

Seneca, römischer Philosoph und Staatsmann (4 v. Chr.– 65 n. Chr.)

Uns bleibt die Sehnsucht nach der Fülle des Lebens, bis wir durch das Tor des Todes eingehen dürfen in das schattenlose Licht.

Edith Stein, deutsche Philosophin und Karmelitin (1891 – 1942)

⊷⊰ ℘ ⊱⊶

Dem Geborenen ist der Tod gewiss, dem Gestorbenen die Geburt; d'rum darfst du über eine unvermeidliche Sache keine Trauer empfinden.

Indisches Lehrgedicht im 6. Buch des Mahâbhârata

Der Tod ist nicht das Wohnhaus, sondern nur die Vorhalle; nicht das Ziel, sondern nur der Durchgang.

Charles Haddon Spurgeon, englischer Theologe (1834–1892)

৽৩৫ ৩৫৵

Der Glaube tröstet, wo die Liebe weint.

Paul Verlaine, französischer Lyriker (1844–1896)

৽৩৫ ৩৫৵

Ach nein, das ist kein Sterben, wenn Christen heimwärts gehen. Es ist nur ein Verwandeln vom Glauben in das Sehn.

Hedwig von Redern, deutsche Erzählerin (1866–1935)

৽৩৫ ৩৫৵

Im Urwald ist ein Greis, der stirbt, wie eine Bibliothek, die verbrennt.

Safi Faye, sengalesische Regisseurin (geb. 1943)

৽৩৫ ৩৫৵

Wie du im Anfang warst, als meine Wege begannen, so sei du auch wieder am Ende meines Wegs. Wie du bei mir warst, als sich meine Seele formte, sei du, Vater, auch für meinen Weg das Ziel.

Aus einem altirischen Schutzgebet

Wir haben das Leben nicht verloren.
Es wohnt vor uns im Gotteslicht.

*Aurelius Augustinus, römischer Philosoph,
Kirchenlehrer und Heiliger (354–430 n. Chr.)*

⊰⊱

Im Grunde sind es doch die Verbin-
dungen mit den Menschen, welche
dem Leben seinen Wert geben.

*Karl Wilhelm Freiherr von Humboldt, deutscher
Naturforscher (1769–1859)*

⊰⊱

Der Tod ist kein Untergang, sondern
ein Übergang: Vom Erdenwanderweg
hinein in die Ewigkeit.

*Cyprian von Karthago, Bischof von Karthago und
katholischer Heiliger (um 200–258 n. Chr.)*

⊰⊱

Trösten ist eine Kunst des
Herzens, sie besteht oft darin,
liebevoll zu schweigen und
schweigend mitzuleiden.

*Otto von Leixner, österreichisch-deutscher
Schriftsteller (1847–1907)*

Du birgst mich in der Finsternis.
Dein Wort bleibt noch im Tod gewiss.

*Jochen Klepper, deutscher Schriftsteller
(1903–1942)*

⊰⊱

Du bist ins Leere verschwunden,
aber im Blau des Himmels hast du
eine unfassbare Spur zurückgelassen,
im Wehen des Windes unter Schatten
ein unsichtbares Bild.

*Rabindranath Tagore, indischer Dichter und
Philosoph (1861–1941)*

⊰⊱

Die Zeit, Gott zu suchen,
ist dieses Leben.
Die Zeit, Gott zu finden,
ist der Tod.
Die Zeit, Gott zu besitzen,
ist die Ewigkeit.

*Franz von Sales, französischer Geistlicher
(1567–1622)*

⊰⊱

Der Gerechte ist sterblich und geht
dahin, sein Licht jedoch bleibt.

*Fjodor Dostojewski, russischer Schriftsteller
(1821–1881)*

Sehen Sie gen Himmel, Gottes
Sternenschrift, die Urkunde unserer
Unsterblichkeit, die glänzende
Charte uns'rer weiter'n Wallfahrt!
Wo endet das Weltall? Und was sollte
meinen Geist an dieses träge Staub-
korn fesseln, sobald mein Leib, diese
Hülle, herabsinkt?

*Johann Gottfried Herder, deutscher Dichter und
Theologe (1744 – 1803)*

⚜

Wenn dir jemand erzählt, dass die
Seele mit dem Körper zusammen
vergeht und dass das, was einmal tot,
niemals wiederkommt, so sage ihm:
Die Blume geht zugrunde, aber der
Same bleibt zurück und liegt vor uns,
geheimnisvoll wie die Ewigkeit des
Lebens.

*Khalil Gibran, christlich-libanesischer Schriftsteller
und Maler (1883 – 1931)*

⚜

Wo gehen wir denn hin? Nach Hause
– immer nach Hause.

Novalis, deutscher Schriftsteller (1772 – 1801)

Gottes Macht halte dich aufrecht,
Gottes Auge schaue auf dich,
Gottes Worte sprechen für dich,
Gottes Hand schütze dich.

Irischer Segen

Der Tod ist die uns zugewandte Seite
jenes Ganzen, dessen andere Seite
Auferstehung heißt.

*Romano Guardini, italienischer Theologe und
Religionsphilosoph (1885 – 1968)*

⚜

Wir danken Gott, dass du unser warst,
ja mehr noch, dass du unser bist,
denn alles lebt bei Gott, und wer
heimkehrt zum Herrn bleibt in der
Familie.

*Aurelius Augustinus, römischer Philosoph,
Kirchenlehrer und Heiliger (354 – 430 n. Chr.)*

⚜

Sterben ist kein Getrenntwerden,
es gibt ein Wiedersehen an einem
helleren Tag.

*Michael Kardinal Faulhaber, katholischer
Geistlicher (1869 – 1952)*

⚜

... Schenk Flügel, Herr, dem
abschiedsschweren Geist,
dass er sich leicht der schönen
Welt entreißt.

*Achim von Arnim, deutscher Schriftsteller
(1781 – 1831)*

⚜

Licht und Schatten muss es geben,
soll das Bild vollendet sein,
wechseln müssen d'rum im Leben
tiefe Nacht und Sonnenschein.

*Johann Ludwig Uhland, deutscher Schriftsteller
(1787 – 1862)*

Ich gehe euch voran in den Frieden des Herrn, und dort erwarte ich euch zum ewigen Wiedersehen.

Aurelius Augustinus, römischer Philosoph, Kirchenlehrer und Heiliger (354–430 n. Chr.)

৯৫ ৡৎ

Nun habe ich den Gipfel des Berges erreicht und mein Geist schwebt in einer Atmosphäre von Freiheit und Erlösung.

Khalil Gibran, christlich-libanesischer Schriftsteller und Maler (1883–1931)

Wenn ich tot bin, darfst du gar nicht trauern.
Meine Liebe wird dich überdauern und in fremden Kleidern dir begegnen und dich segnen.

Joachim Ringelnatz, deutscher Dichter und Maler (1883–1934)

৯৫ ৡৎ

Der Tod ist Übergang zu neuer, noch nie gekannter, völlig neuer, anderer, größerer Freude.

Leo Nikolajewitsch Tolstoi, russischer Schriftsteller (1828–1910)

৯৫ ৡৎ

Die Bahre ist die Wiege des Himmels.

Jean Paul, deutscher Dichter (1763–1825)

Die Toten sterben nicht von uns weg, sie gehen mitten in unser Herz hinein.

Rainer Maria Rilke, Lyriker deutscher Sprache (1875 – 1926)

⋘ ⋙

Was ich in meinem Dasein den Mitmenschen Gutes erwiesen habe, das bleibt mir nun als Trost im Tode.

Marcus Porcius C. Censorius Cato, römischer Staatsmann, Feldherr und Schriftsteller (234 – 149 v. Chr.)

⋘ ⋙

Mein Leben geht zu Ende, ich weiß es und fühle es. Doch fühle ich auch mit jedem sich neigenden Tag, wie sich mein irdisches Leben mit einem neuen, unendlichen, unbekannten, aber schon nah herankommenden Leben berührt, in dessen Vorgefühl meine Seele vor Entzücken erzittert, mein Geist leuchtet und mein Herz vor Freude weint.

Fjodor Dostojewski, russischer Schriftsteller (1821 – 1881)

⋘ ⋙

Gott hat der Hoffnung einen Bruder gegeben. Er heißt Erinnerung.

Michelangelo Buonarroti, italienischer Dichter, Bildhauer und Maler (1475 – 1564)

Der Mensch ist vergänglich, wenn wir den einen Teil seines Wesens betrachten, nämlich seinen Leib; er ist unvergänglich in seinem anderen Wesensteil, der Seele.

Dante Alighieri, italienischer Dichter (1265 – 1321)

⋘ ⋙

O Trost der Welt, du stille Nacht!
Der Tag hat mich so müd gemacht.
Das weite Meer schon dunkelt,
lass ausruh'n mich von Lust und Not,
bis dass das ewige Morgenrot
den stillen Wald durchfunkelt.

Joseph Freiherr von Eichendorff, deutscher Lyriker (1788 – 1857)

⋘ ⋙

Was entstanden ist, das muss vergehen!
Was vergangen, auferstehen!

Friedrich Gottlieb Klopstock, deutscher Theologe und Schriftsteller (1724 – 1803)

⋘ ⋙

Wenn die Seele von dort hierher kommt, vergisst sie das, was sie dort geschaut hat; wenn sie aber diese Welt verlässt, erinnert sie sich dessen, was sie hier erlebt hat.

Aristoteles, griechischer Philosoph (384 – 322 v. Chr.)

⋘ ⋙

Es geht ewig zu Ende, und im Ende keimt ewig der Anfang.

Peter Rosegger, österreichischer Schriftsteller und Heimatdichter (1843 – 1918)

Nebel, stiller Nebel über
Meer und Land.
Totenstill die Watten,
totenstill der Strand.
Trauer, leise Trauer deckt
die Erde zu.
Seele, liebe Seele, schweig
und träum auch du.

Christian Morgenstern, deutscher Dichter
(1871–1914)

ക⍵ ⍵ක

Die Linien des Lebens sind
verschieden,
wie die Wege sind und wie der
Berge Grenzen.
Was hier wir sind, kann dort ein
Gott ergänzen,
mit Harmonien und ewigem
Lohn und Frieden.

Johann Christian Friedrich Hölderlin, deutscher
Schriftsteller (1770–1843)

ക⍵ ⍵ක

Auferstehung ist unser Glaube,
Wiedersehen unsere Hoffnung,
Gedenken unsere Liebe.

Aurelius Augustinus, römischer Philosoph,
Kirchenlehrer und Heiliger (354–430 n. Chr.)

ക⍵ ⍵ක

Wenn Ihr Beitrag wesentlich war,
dann wird immer jemand dort
wieder anfangen, wo Sie aufgehört
haben, und das wird Ihr Anspruch
auf Unsterblichkeit sein.

Walter Adolf Gropius, deutscher Architekt
(1883–1969)

Und von allen Sternen nieder strömt
ein wunderbarer Segen,
dass die müden Kräfte wieder sich in
neuer Frische regen.
Und aus seinen Finsternissen tritt der
Herr, so weit er kann,
und die Fäden, die zerrissen, knüpft
er alle wieder an.

Christian Friedrich Hebbel, deutscher Dramatiker
(1813–1863)

ക⍵ ⍵ක

Was unsterblich im Gesang soll leben,
muss im Leben untergehn.

Friedrich von Schiller, deutscher Dichter
(1759–1805)

ക⍵ ⍵ක

Soll der Tag des Abschieds zum Tag
der Ernte werden? Und soll dies
heißen, dass mein Abend in Wahrheit
jene Morgenröte war? Und was heißt
nicht mehr zu atmen anderes, als den
Atem von seinen rastlosen Gezeiten
zu befreien, damit er emporsteigt
und sich entfaltet und ungehindert
Gott suchen kann?

Khalil Gibran, christlich-libanesischer Schriftsteller
und Maler (1883–1931)

ക⍵ ⍵ක

Ich weiß nicht, wohin mich Gott
führt, aber ich weiß, dass er mich
führt.

Gorch Fock, deutscher Schriftsteller
(1880–1916)

Nur der ist tot, der keinen guten Namen hinterlässt.

Persisches Sprichwort

⊷⊶

Anfangs fällt die Gestalt im Grabe ein, dann schleift sich sogar ihr Bildnis auf dem Grabsteine hinweg: was bleibt? Was beide erschuf, die Seele!

Jean Paul, deutscher Dichter (1763 – 1825)

⊷⊶

Sterben heißt dorthin gehen, woher wir gekommen sind.

Leo Nikolajewitsch Tolstoi, russischer Schriftsteller (1828 – 1910)

⊷⊶

Du, o Herr, hast sie uns geliehen, und sie war unsere Freude. Du, o Herr, hast sie uns genommen, und wir geben sie dir zurück ohne Murren, aber das Herz ist voller Wehmut.

Hieronymus, christlicher Theologe und Heiliger (347 – 420 n. Chr.)

⊷⊶

Die Nacht vergeht,
die grauen Wolken fliegen,
der Tag erwacht,
und seine Strahlen siegen.

Gottfried Keller, schweizerischer Dichter (1819 – 1890)

In ihm sei's begonnen, der Monde und Sonnen an blauen Gezelten des Himmels bewegt. Du, Vater, du, rate! Lenke und wende! Herr, dir in die Hände sei Anfang und Ende, sei alles gelegt!

Eduard Mörike, deutscher Schriftsteller (1804 – 1875)

⊷⊶

Das Leben ist ein Kampf, lebe ihn.
Das Leben ist Freude, koste sie.
Das Leben ist ein Versprechen,
halte es.
Das Leben ist auch Traurigkeit,
überwinde sie.

Mutter Teresa, Ordensschwester und Nobelpreisträgerin (1910 – 1997)

⊷⊶

Gott schickt am End' uns Leid,
auf dass uns diese Welt,
wenn wir von ihr scheiden,
nicht mehr so mächtig hält.

Dr. Justinus Kerner, deutscher Arzt, Naturforscher und Dichter (1786 – 1862)

⊷⊶

Ich bin nicht weit, nur auf der anderen Seite des Weges.

Aurelius Augustinus, römischer Philosoph, Kirchenlehrer und Heiliger (354 – 430 n. Chr.)

⊷⊶

Herr, in deinem Arm bin ich sicher. Wenn du mich hälst, habe ich nichts zu fürchten. Ich weiß nichts von der Zukunft, aber ich vertraue auf dich.

Franz von Assisi, italienischer Ordensstifter (um 1181 – 1226)

Trost aus der Bibel

Denn Gott hat die Welt so sehr geliebt, dass er seinen einzigen Sohn hingab, damit jeder, der an ihn glaubt, nicht zugrunde geht, sondern das ewige Leben hat.

Johannes 3,16

⋄⋄⋄

Muss ich auch wandern in finsterer Schlucht, ich fürchte kein Unheil; denn du bist bei mir, dein Stock und dein Stab geben mir Zuversicht.

Psalm 23,4

⋄⋄⋄

Die Tage deines Leidens sollen ein Ende haben.

Jesaja 60,20

⋄⋄⋄

Wir wissen: Wenn unser irdisches Zelt abgebrochen wird, dann haben wir eine Wohnung von Gott, ein nicht von Menschenhand errichtetes eigenes Haus im Himmel.

2 Korinther 5,1

Bewahre mich, Gott; denn ich traue auf dich. Ich weiß von keinem Gut außer dir. Denn du wirst mich nicht dem Tode überlassen. Du tust mir kund den Weg zum Leben: Vor dir ist Freude die Fülle und Wonne zu deiner Rechten ewiglich.

Psalm 16,1. 2b. 10a. 11

⋄⋄⋄

Haltet mich nicht auf, antwortete er ihnen, der Herr hat meine Reise gelingen lassen. Lasst mich also zu meinem Herrn zurückkehren!

Genesis 24,56

⋄⋄⋄

Dein Reich komme,
dein Wille geschehe,
wie im Himmel, so auf der Erde.

Matthäus 5,8

⋄⋄⋄

Auf deine Hilfe harre ich, Herr.

Genesis 49,18

⋄⋄⋄

Wenn das Weizenkorn nicht in die Erde fällt und stirbt, bleibt es allein; wenn es aber stirbt, bringt es reiche Frucht.

Johannes 12,24

Der Herr ist mein Licht und mein Heil:
Vor wem sollte ich mich fürchten?

Psalm 27,1

⋰⋱

Brüder, wir wollen euch über die
Verstorbenen nicht in Unkenntnis
lassen, damit ihr nicht trauert wie die
anderen, die keine Hoffnung haben.
Wenn Jesus – und das ist unser Glaube – gestorben und auferstanden ist,
dann wird Gott durch Jesus auch die
Verstorbenen zusammen mit ihm zur
Herrlichkeit führen.

1 Thessalonicher 4,13– 14

Der Herr segne dich und behüte dich.
Der Herr lasse sein Angesicht über
dich leuchten und sei dir gnädig.
Der Herr wende sein Angesicht dir zu
und schenke dir Heil.

Numeri 6,24– 26

⋰⋱

Denn das Sichtbare ist vergänglich,
das Unsichtbare ist ewig.

2 Korinther 4,18

⋰⋱

Ich lasse dich nicht fallen und
verlasse dich nicht.

Josua 1,5b

Er führte mich hinaus ins Weite,
er befreite mich.

Psalm 18,20

❧

Ich bin das Licht der Welt. Wer mir
nachfolgt, wird nicht in der Finsternis
untergehen, sondern wird das Licht
des Lebens haben.

Johannes 8,12

❧

Ich suchte den Herrn und er hat mich
erhört, er hat mich all meinen Ängs-
ten entrissen.

Psalm 34,5

❧

Ich bin die Tür, wer durch mich
hineingeht, wird gerettet werden.

Johannes 10,9

❧

In deine Hände lege ich voll Vertrau-
en meinen Geist; du hast mich erlöst,
Herr, du treuer Gott.

Psalm 31,6

❧

Kommt her zu mir, alle die ihr müh-
selig und beladen seid; ich will euch
erquicken. Nehmt auf euch mein Joch
und lernt von mir; denn ich bin sanft-
mütig und von Herzen demütig; so
werdet ihr Ruhe finden für eure
Seelen.

Matthäus 11,28–29

Ich bin das Licht, das in die Welt
gekommen ist, damit jeder, der an
mich glaubt, nicht in der Finsternis
bleibt.

Johannes 12,46

❧

Für jetzt bleiben Glaube, Hoffnung,
Liebe, diese drei; doch am größten
unter ihnen ist die Liebe.

1 Korinther 13,13

❧

Nahe ist der Herr den zerbrochenen
Herzen, er hilft denen auf, die zer-
knirscht sind.

Psalm 34,19

❧

Siehe, ich sende einen Engel vor dir
her, der dich behütet auf dem Wege
und dich bringe an den Ort, den ich
bestimmt habe.

2. Buch Mose 23,20

❧

Doch Gott wird mich loskaufen aus
dem Reich des Todes, ja, er nimmt
mich auf.

Psalm 49,16

❧

Wie ein Weber hast du mein Leben zu
Ende gewoben, du schneidest es ab,
wie ein fertig gewobenes Tuch.

Jesaja 38,12

Bei Gott allein kommt meine Seele zur Ruhe; denn von ihm kommt meine Hoffnung. Nur er ist mein Fels, meine Hilfe, meine Burg; darum werde ich nicht wanken.

Psalm 62,6–7

So seid auch ihr jetzt bekümmert, aber ich werde euch wieder sehen; dann wird euer Herz sich freuen und niemand nimmt euch eure Freude.

Johannes 16,22

Gott ist ein Gott, der uns Rettung bringt, Gott, der Herr, führt uns heraus aus dem Tod.

Psalm 68,21

Denn ich bin gewiss: Weder Tod noch Leben, weder Engel noch Mächte, weder Gegenwärtiges noch Zukünftiges, weder Gewalten der Höhe oder Tiefe noch irgendeine andere Kreatur können uns scheiden von der Liebe Gottes, die in Christus Jesus ist, unserem Herrn.

Römer 8,38–39

Wirf deine Sorgen auf den Herrn, er hält dich aufrecht!
Psalm 55,23

Ich weiß, dass mein Erlöser lebt, und als der Letzte wird er über dem Staub sich erheben. Und ist meine Haut noch so zerschlagen und mein Fleisch dahingeschwunden, so werde ich doch Gott sehen. Ich selbst werde ihn sehen, meine Augen werden ihn schauen. Danach sehnt sich mein Herz.

Hiob 19,25–27

Er hat dem Tod die Macht genommen und uns das Licht des unvergänglichen Lebens gebracht durch das Evangelium.

2 Timotheus 1,10

Beschütze mich, denn ich bin dir ergeben! Hilf deinem Knecht, der dir vertraut!

Psalm 86,2

Gott ist die Liebe, und wer in der Liebe bleibt, bleibt in Gott und Gott bleibt in ihm.

1 Johannes 4,16b

Wer im Schutze des Höchsten wohnt und ruht im Schatten des Allmächtigen, der sagt zum Herrn: „Du bist für mich Zuflucht und Burg, mein Gott, dem ich vertraue."

Psalm 91,1–2

Selig die Toten, die im Herrn sterben,
von jetzt an; ja spricht der Geist, sie
sollen ausruhen von ihren Mühen;
denn ihre Werke begleiten sie.

Offenbarung des Johannes 14,13

⚬⚬⚬

Dein Wort ist meinem Fuß eine
Leuchte, ein Licht für meine Pfade.

Psalm 119,105

⚬⚬⚬

Deine Sonne wird nicht mehr untergehen und dein Mond nicht den
Schein verlieren; denn der Herr wird
dein ewiges Licht sein.

Jesaja 60,20

⚬⚬⚬

Der Herr behüte dich, wenn du fort-
gehst und wiederkommst, von nun an
bis in Ewigkeit.

Psalm 121,8

⚬⚬⚬

Fürchte dich nicht, denn ich bin mit
dir; hab keine Angst, denn ich bin dein
Gott. Ich helfe dir, ja, ich mache dich
stark, ja, ich halte dich mit meiner
hilfreichen Rechten.

Jesaja 41,10

Alles hat seine Stunde.
Für jedes Geschehen unter dem
Himmel gibt es eine bestimmte Zeit:
Eine Zeit zum Gebären
und eine Zeit zum Sterben,
eine Zeit zum Pflanzen
und eine Zeit zum Abernten der
Pflanzen,
eine Zeit zum Töten
und eine Zeit zum Heilen,
eine Zeit zum Niederreißen
und eine Zeit zum Bauen,
eine Zeit zum Weinen
und eine Zeit zum Lachen,
eine Zeit für die Klage
und eine Zeit für den Tanz.

Kohelet 3,1–4

⚬⚬⚬

Er beseitigt den Tod für immer.
Gott der Herr, wischt Tränen ab
von jedem Gesicht.

Jesaja 25,8

⚬⚬⚬

Gott ist Licht, und keine Finsternis
ist in ihm.

1 Johannes 1,5

⚬⚬⚬

Gott hat den Herrn auferweckt;
er wird durch seine Macht auch
uns auferwecken.

1 Korinther 6,14

Er wird alle Tränen von ihren Augen abwischen: Der Tod wird nicht mehr sein, keine Trauer, keine Klage, keine Mühsal. Denn was früher war, ist vergangen.

Offenbarung des Johannes 21,4

⋰⊲ ⊳⋱

Mein Auge ist trübe geworden vor Gram und matt, weil meiner Bedränger so viele sind. Der Herr hört mein Flehen; mein Gebet nimmt der Herr an.

Psalm 6,3–5. 7a. 7c. 8. 10

⋰⊲ ⊳⋱

Ich bin die Auferstehung und das Leben. Wer an mich glaubt, wird leben, auch wenn er stirbt.

Johannes 11,25

⋰⊲ ⊳⋱

Auch wenn die Berge von ihrem Platz weichen und die Hügel zu wanken beginnen – meine Huld wird nie von dir weichen und der Bund meines Friedens nicht wanken, spricht der Herr, der Erbarmen hat mit dir.

Jesaja 54,10

⋰⊲ ⊳⋱

Gott ist meine Rettung, ihm will ich vertrauen und niemals verzagen.

Jesaja 12,2

Lasset die Kinder zu mir kommen, denn ihrer ist das Himmelreich.

Markus 10,14b

⋰⊲ ⊳⋱

Im Haus meines Vaters sind viele Bleiben. Wenn nicht, hätte ich dann zu euch gesprochen: Ich gehe hin, euch einen Platz zu bereiten? Und bin ich hingegangen und habe einen Platz euch bereitet, so komme ich abermals, um euch zu mir zu holen – damit wo ich bin, auch ihr seid.

Johannes 14,1

⋰⊲ ⊳⋱

In der Welt werdet ihr Bedrängnis haben; aber vertraut, ich habe die Welt überwunden.

Johannes 16,33

⋰⊲ ⊳⋱

Herr, ich hoffe auf dich, du bist mein Gott. Meine Zeit steht in deinen Händen.

Psalm 31,15–16

Internetadressen,
die weiterhelfen

Bei der folgenden Zusammenstellung von hilfreichen und informativen Internetseiten handelt es sich um eine persönliche Auswahl aus dem nahezu unüberschaubaren Angebot des Internets, die keinerlei Anspruch auf Vollständigkeit erhebt. Auch kann es trotz sorgfältiger Recherche der Adressen vorkommen, dass die eine oder andere bereits nicht mehr aktuell ist, da sich das Internet ständig verändert.

Information und Hilfe im Trauerfall

www.aeternitas.de
Auf der Webseite dieser Verbraucherinitiative erfahren Sie, was im Trauerfall zu tun ist, und erhalten Antwort auf die wichtigsten Fragen rund um die Bereiche Bestattung, Grabgestaltung und Trauerfeier. Hervorzuheben sind dabei der Bestattungskostenrechner, die Friedhofsdatenbank und der Rechtsbereich mit einer umfangreichen Urteilsdatenbank.

www.agus-selbsthilfe.de
Webseite der bundesweiten Selbsthilfeorganisation für Trauernde, die einen nahe stehenden Menschen durch Suizid verloren haben.

www.allesistanders.de
Webseite für trauernde Jugendliche und junge Erwachsene.

www.batf.de
Homepage des BATF e. V., einem bundesweiten Berufsverband von Trauerrednern, die sowohl religiöse als auch freie, nicht-religiöse Trauerfeiern gestalten.

www.bestatter.de
Homepage des Bundesverbandes Deutscher Bestatter e. V.

www.elternlos.de

Auf dieser Webseite können Jugendliche und junge Erwachsene, die einen oder beide Elternteile verloren haben, ihre Geschichte erzählen und ihrer Eltern gedenken. Sie bietet darüber hinaus zahlreiche Informationen rund um das Thema Trauer, Buchtipps und Kontaktadressen sowie ein Forum.

www.gute-bestatter.de

Empfehlungsliste mit Bestattern, die bestimmte Qualitätskriterien erfüllen (u. a. Führung durch ausgebildete Fachkräfte, offene Preisauszeichnung, Qualitätsmanagement, Anfertigung einer Ablaufdokumentation, ...). Die Verbraucher haben darüber hinaus die Möglichkeit, den jeweiligen Bestatter zu bewerten.

www.gute-trauer.de

In diesem Internetportal erhalten Sie hilfreiche Informationen rund um die Themen Trauer und Beerdigung sowie zahlreiche Verweise auf diverse Hilfsangebote (u. a. Trauerbegleiter in Ihrer Nähe).

www.hospiz.net

Hier finden Sie umfangreiche Informationen zur Hospiz-Bewegung.

www.land-der-sternenkinder.de

Ein Ort des Gedenkens und der Erinnerung an „Sternenkinder" (Babys, die vor, während oder kurz nach der Geburt gestorben sind), der auch hilfreiche Informationen sowie Tipps für Betroffene bereithält.

www.leben-ohne-dich.de

Die Webseite des gleichnamigen Vereins bietet Unterstützung für verwaiste Eltern und Geschwister in Form von Gedenkseiten, geschützten Foren, Selbsthilfegruppen und Trauerseminaren.

www.muschel.net

Informative und hilfreiche Webseite für Eltern von „Sternenkindern" (Erklärung siehe www.land-der-sternenkinder.de).

www.nakos.de

Diese Webseite ermöglicht Interessierten über die Weitergabe von Adressen den Kontakt zu bundesweit tätigen Selbsthilfeorganisationen, zu örtlichen Selbsthilfekontaktstellen und zu Gleichbetroffenen.

www.nicolaidis-stiftung.de

Die Nicolaidis Stiftung, die für die Belange junger Witwen und Witwer sowie deren Kinder eintritt, bietet Trauernden eine breite Palette von Hilfsangeboten. Dazu gehören Selbsthilfegruppen, Trauerbegleitung, finanzielle und rechtliche Beratung und spezielle Projekte für Kinder und Jugendliche.

www.selbsthilfenetz.de

Hier finden Sie Selbsthilfegruppen in ganz Nordrhein-Westfalen, darunter zahlreiche Trauergruppen.

www.seelsorge.net

Diese Webseite ist ein Angebot der reformierten und der katholischen Kirche der Schweiz. Erfahrene Seelsorgerinnen und Seelsorger bieten hier Menschen in schwierigen Situationen Beratung per E-Mail und SMS.

www.telefonseelsorge.de

Die TelefonSeelsorge ist ein Beratungs- und Seelsorgeangebot der evangelischen und katholischen Kirche, deren Mitarbeiter nicht nur unter der kostenfreien Rufnummer 0800 111 0111 und 0800 111 0 222 zu erreichen sind, sondern auch via Mail und Chat.

www.thanatologen.de

Hompage des V.D.T. – Verband dienstleistender Thanatologen e. V. Hier finden Sie eine Liste mit Spezialisten für die Konservierung von Leichen für Transporte und den Abschied.

www.trauer.org

Trauerportal, dessen umfangreiches Angebot Hinterbliebene bei der Trauerbewältigung unterstützen soll. Dazu gehören zahlreiche Trauerrituale wie Briefe an Verstorbene, Gedenksteine und Nachrufe, interaktive Hilfe in Form von Foren und (zum großen Teil moderierte) Chatrooms sowie On- und Offline-Seminare.

www.trauernetz.de

Diese Webseite wird von der evangelischen Kirche betrieben. Sie bietet zahlreiche Informationen rund um die Themen Tod und Trauer sowie diverse Angebote zur Trauerbewältigung – Gebete, Lyrik und Meditation, diverse Foren sowie einen Chat speziell für Trauernde. Darüber hinaus steht ein Team von Seelsorgern als Ansprechpartner zur Verfügung, die auch bei der Suche nach Trauergruppen und -angeboten helfen.

www.veid.de

Homepage des Bundesverbands Verwaiste Eltern in Deutschland e. V mit zahlreichen Hilfsangeboten und Anregungen für all diejenigen, die mit dem Tod eines Kindes leben müssen oder zu tun haben.

www.verwitwet.de

Online-Community für verwitwete Mütter und Väter (sowie Verwitwete ohne Kinder).

www.zuspruch.de

Auf dieser Webseite finden Sie einerseits nützliche Informationen darüber, was im Trauerfall zu tun ist und bedacht werden sollte (inklusive hilfreicher Checklisten, zum Beispiel zur Bestatterauswahl). Andererseits bietet sie Ihnen die Möglichkeit, einen geliebten Menschen durch einen Nachruf zu würdigen.

Baumbestattung

Die Baumbestattung stellt eine Alternative zur traditionellen Erd- oder Urnenbestattung auf dem Friedhof dar, bei der die Asche des Verstorbenen am Fuße eines Baumes – ohne Bepflanzung und Grabstein – beigesetzt wird. Obwohl diese Art der Beisetzung noch relativ jung ist, wird sie von immer mehr Menschen genutzt. So sind Schätzungen zufolge bereits zwei bis drei Prozent aller Bestattungen in Deutschland Baumbestattungen. Die bekanntesten Anbieter sind die Friedwald GmbH (www.friedwald.de) und die Ruheforst GmbH (www.ruheforst.de). Daneben gibt es inzwischen auch kleinere Anbieter wie zum Beispiel den Trauerwald in Bayern (www.trauerwald.com) sowie immer mehr kommunale Friedhöfe, die auf ihrem Gelände entsprechende Areale für Baumbestattungen anbieten.

Virtuelle Gedenkstätten

Die folgenden Webseiten bieten Ihnen die Möglichkeit, eine Gedächtnisstätte im Internet für einen Verstorbenen anzulegen. Darunter befinden sich sowohl kostenfreie als auch kostenpflichtige Angebote.

- www.emorial.de

- www.ewigesleben.de

- www.friedparks.com

- www.memorta.com

- www.memosite.de

- www.strassederbesten.de

Trauerkarten

Bei den folgenden Anbietern können Sie elektronische Trauer- und Kondolenzkarten verschicken.

- www.bestatterweb.de („Elektronische Postkarten")

- www.bestattungsinstitut.de/card.html

- www.kleine-raenderei.de/Trauerkarten.htm

- www.klosterkirche.de/kirche/interaktiv/_ecards/trauer.php

- www.kondolenzkarte.de

- www.memosite.de („Trauer-E-Mails")

- www.pauliland.ch („Traumhafte Grußkarten")

- www.trauer-anteilnahme.de/trauerkarten.htm

Register

© 2010 design cat GmbH

Genehmigte Lizenzausgabe
EDITION XXL GmbH
Fränkisch-Crumbach 2012
www.edition-xxl.de

Idee und Projektleitung: Sonja Sammüller
Layout, Satz und Umschlaggestaltung:
design cat GmbH

ISBN (13) 978-3-89736-234-5
ISBN (10)   3-89736-234-1